对话
青年教师

破解一线带班难题

于洁 陈宇 / 著

长江出版传媒　长江文艺出版社

图书在版编目（CIP）数据

对话青年教师：破解一线带班难题 / 于洁，陈宇著.
武汉：长江文艺出版社，2025.6. --（大教育书系）.
ISBN 978-7-5702-4008-1

Ⅰ．G451.6

中国国家版本馆 CIP 数据核字第 2025FK3699 号

对话青年教师：破解一线带班难题
DUIHUA QINGNIAN JIAOSHI : POJIE YIXIAN DAIBAN NANTI

| 责任编辑：马 蓓 | 责任校对：程华清 |
| 封面设计：扁 舟 | 责任印制：邱 莉　王光兴 |

出版： 长江出版传媒　长江文艺出版社
地址：武汉市雄楚大街 268 号　　邮编：430070
发行：长江文艺出版社
http://www.cjlap.com
印刷：湖北新华印务有限公司

开本：720 毫米×970 毫米　　1/16　　印张：14.25
版次：2025 年 6 月第 1 版　　2025 年 6 月第 1 次印刷
字数：168 千字

定价：45.00 元

版权所有，盗版必究（举报电话：027-87679308　　87679310）
（图书出现印装问题，本社负责调换）

在失败中崛起

于 洁

这本书，起源于"于洁沙龙"群里的一次讨论。

相对于其他讨论群而言，也许没有一个群的规则比我们更苛刻了：每个星期三晚上在群里讨论两个小时，每次围绕一个案例各抒己见；为了保证讨论的有效性，每次都是提前把案例公布在群共享里，每个人先进行一定的思考，写出初步的想法，然后在指定的时间段内开展讨论；连续两周不参加讨论立即被踢出群。

也正是在这样的规则下，"于洁沙龙"严格地控制了群的人数，绝不超过20人。

在将近半年的讨论中，群成员积极讨论、撰写案例、真诚点评、资源共享，在自由平等的氛围中，每个人都明显感觉到了自己的提高。

我们逐渐开始思考：究竟是成功的案例还是失败的案例给人带来的启发更大？

有些成功无法复制，但是有些失败却可以避免。这是大家得出的共识。

写成功的案例有成就感，喜气洋洋；写失败的案例，则仿佛揭开当年的伤疤，需要勇气。

尤其是对于我们这个群里已经在工作岗位上小有成就甚至已经担任校级领导的老师来说，更非易事。

可是哪个老师心里没有藏着当年工作中的失败所带来的悔与痛呢？

"我曾经把幽默建立在学生的痛苦上。"陈宇说。

"龙，对你我一直感觉很愧疚。"于洁说。

"一直记得20年前的那一次僵持。"费佳玉说。

"我曾被学生罢免过。"陈斌说。

"如果回到那一年，我一定不这样对你。可惜，没有如果……"姜燕说。

"每次想起那个学生，心里就隐隐地疼痛。"钟晓龙说。

……

这些老师，有的已经是全国知名的"问题学生"专家，有的已经是学校的校长和中层干部，有的现在带出的班级一直是先进集体。他们依然工作在教育的第一线，如果没有勇气面对自己当年的失败，是不可能在失败中崛起、在失败的阴影里寻找到出路的。

如果没有当年的失败，我们不会像今天这样明白教育无小事，不会像今天这样以尊重为前提来关爱学生的成长，不会像今天这样没有功利心地去对待学生……

这样想明白了，大家也就有了极大的勇气面对曾经的失败。

如何定义本书中的失败？是指完全因为教师主观上的原因而导致的教育失败。如果当年改变一些思想，改变一些做法，这些失败是可以避免的。

写这样的案例需要多大的勇气！而当着写作者的面进行毫不留情的点

评，甚至是体无完肤地不上一点麻药地解剖，那简直是要人命的一件事情了！

特别感谢费佳玉、陈斌、钟晓龙、姜燕、刘爱华、谢英、储明、成士桂、秦桂海、顾取英、花艳老师，他们敢于直面自己失败的勇气，他们对于解剖内心世界的承受能力，他们在失败中崛起的精神，会让他们在教育的道路上越走越顺，越走越远。

没有人比我们更明白我们在做一件多么有意义的事情。

看了这样的案例和点评，年轻的教师也许可以少走很多弯路了；工作十多年进入瓶颈期的教师，也许可以更好地反思和提高自己了；进入成熟期有些自以为是的教师，也许会重新审视自己的一言一行了。

如果我们的失败案例让你想起了曾经的自己，如果我们的案例点评让你若有所思或有不同想法，都请你和我们联系，在教育的汪洋大海中，我们都是一条条寻找方向的航船，志同道合者结集而行！

目 录

第一章 课堂纪律乱了套 / 001

案例1 我的课堂像菜市场 / 003
  陈宇建议：新教师要自信、沟通、观察、想办法 / 004
  于洁建议：有时候弱势比强势更好 / 007

案例2 晚自修纪律的纠结 / 012
  于洁建议：坐班压阵管课堂不是个好办法 / 013

案例3 课堂上有许多学生讲话 / 016
  于洁建议：了解原因，对症下药 / 017

第二章 班级管理陷僵局 / 023

案例4 不该发出的"最后通牒" / 025
  陈宇建议：己之所欲，亦慎施人 / 026

案例5 我最沮丧的一天 / 031
  于洁建议：做教育不能刻意 / 033

案例 6　我败给了能言善辩的学生 / 035

　　陈宇建议：不可缺少的班级管理规则 / 037

案例 7　一年了，还是没有改变他们的学习习惯 / 040

　　陈宇建议：爱，依然是第一位的 / 041

第三章　师生关系不融洽 / 045

案例 8　处分学生，解气一时，愧疚一生 / 047

　　陈宇建议：处分是教育的新起点而不是终点 / 049

案例 9　我把"幽默"建立在学生的痛苦之上 / 054

　　于洁建议：教育无小事 / 059

案例 10　我拿这个早熟的男生没办法 / 061

　　于洁建议：用欣赏的眼光看待每一个学生 / 064

案例 11　家长在学校被气得心脏病复发 / 067

　　陈宇建议：什么是真正的尊重 / 070

第四章　家校关系难和谐 / 075

案例 12　我竭尽全力，她还是辍学了 / 077

　　于洁建议：教师的努力需要正确的方向 / 080

案例 13　学生离家出走了，我却什么也没做 / 082

　　陈宇建议：不做"三不"班主任 / 087

案例 14　我的家访总是失败 / 093

　　于洁建议：让家访不再流于形式 / 095

案例 15　我怎么也走不进学生的内心世界 / 103

　　陈宇建议：放下身段，才能做到真正的心无芥蒂 / 108

第五章　教师威信树不起 / 115

案例 16　调座位引发的风波 / 117

　　于洁建议：平等、平和是师生最好的相处方式 / 119

案例 17　我被学生联合罢免 / 123

　　于洁建议：教育如水 / 124

案例 18　成绩第一名的班级被我带成了最后一名 / 127

　　于洁建议：不了解、不理解学生，是失败的关键所在 / 129

案例 19　我上课不扔粉笔头，学生反而觉得没劲了 / 134

　　陈宇建议：我们用什么吸引学生 / 135

　　于洁建议：让教师的个性特长成为课堂教学的正能量 / 137

第六章　教育不能太功利 / 141

案例 20　我给学生戴"面具" / 143

　　于洁建议：检查时大题小做，平时小题大做 / 144

案例 21　我没有关注他的家庭 / 147

　　于洁建议：不要只关注学生的成绩 / 150

案例 22　用非常规教育法制服寻衅滋事学生 / 154

　　陈宇建议：教育需要真正的智慧，而不是不择手段 / 155

案例 23　他就这样自暴自弃了 / 161

　　于洁建议：教育不是过家家 / 162

第七章　学生干部出问题 / 167

案例 24　"刺猬"班长让我流泪 / 169

　　陈宇建议：威信不是靠说出来的 / 171

案例 25　意想不到的班级民主选举 / 176

　　陈宇建议：民主之路漫漫，仍需上下求索 / 178

第八章　特殊学生惹烦恼 / 183

案例 26　"你别多管，她可能比现在要好得多" / 185

　　于洁建议："管"与"不管" / 188

案例 27　剃头挑子一头热 / 193

　　陈宇建议：如何帮助"不合群学生" / 194

案例 28　三个不开口，神仙难下手 / 200

　　陈宇建议：以心换心，才能走进学生的内心 / 201

案例 29　遭遇"霸王学生" / 206

　　陈宇建议：怎样与"老大"式的学生打交道 / 207

后记：风物长宜放眼量 / 215

CHAPTER

第一章

课堂纪律乱了套

在自习课上，学生一般会在作业比较少的情况下说一些废话，无事生非。这种现象说明学生还不会有效地管理自己的时间。一节自习课上，最好的时间分配就是三分之二的时间完成老师布置的各科笔头作业，三分之一的时间用来进行复习、预习或者查漏补缺（做纠错本和薄弱功课的强化练习）。教师要教会学生如何在自习课上合理分配时间，纠正那种"自习课就是完成作业了事"的错误观点。

时间是一个比较抽象的东西，最容易在无声无息里悄悄流逝。如何把这个看不见、摸不着的东西形象化、具体化，让学生可以感知，是教师需要研究的问题。

案例 1

我的课堂像菜市场

我是一名新老师，任初二某班的副班主任，因班里学生特别调皮，我听从班主任的建议没有和学生太过亲近，现在我对他们仍是很不了解。我教生物，是他们心目中的副科。仅开学到现在，我已为纪律问题在课堂上发过好几次火，可是发火的时候教室里稍微安静了一会儿，过一会儿又是老样子。

我忍无可忍，和班主任交流，他就帮我去训学生。学生们认为是我去告了他们的状，对我很不满。我能够明显地感觉到他们看我的眼神里充满着鄙夷不屑的神情。

最近一次，学生已对我强调纪律完全视若无睹，不是一两个学生开小差讲话，而是成群结队地叽叽喳喳，整个课堂像个菜市场，我心里又恼火又无奈，想拍桌子，但是法不责众，有什么用呢？再去向班主任告状吗？他们会更加看不起我。无奈之中，带着满心的悲哀，我草草结束了这堂课的教学。

现在我和学生们的关系十分紧张，一想到要进入课堂上课，又要面对这个菜市场，我就开始烦躁起来。我的心情一直处于极度郁闷之中。我不知道下节课该怎么面对他们，我感觉到我已经开始没有信心继续从事教育教学工作了。都说良好的开端是成功的一半，我这样的开端，怎么可能取得成功呢？

（案例提供：佚名）

> 陈宇建议

新教师要自信、沟通、观察、想办法

不管是第一天做教师还是做了几十年教师，教师在学生面前就是教师，首先是教师，其次才是其他身份。教副科的教师也是教师，副班主任也是班主任之一。在课堂上，教师具有无可争议的权威，不要因为自己是新教师就没有底气和勇气。所谓"权威"不是用体力、嗓门建立的，而是你的身份本身赋予了你这种权威，如果学生意识不到这一点，你需要向他们说明，但不需要喊，只是平静地说明而已，你的平静会让你拥有权威，一喊就暴露了你的底细。

一、新教师在学生面前的不恰当表现

一般来说，新教师在学生面前会有两种不恰当的表现。

1. 过于不自信

比如上第一节课或者开第一次家长会时就向大家自我介绍："我是个新老师，教学没有什么经验，如果有讲得不好的地方希望大家谅解，上课还请大家多多配合……"这虽然是一句大实话，但是，不是什么实话都会起到好效果的。这样的话很容易让学生和家长轻视你，威信就很难建立起来了。

2. 刻意摆出教师的架子，和学生保持距离

这也是不自信的表现，这样你给学生的感觉就是：既然你那么年轻，和我们之间应该有很多共同语言，能玩到一起的，为什么还和我们这样疏远？和学生关系冷淡绝对不利于教育教学工作的开展。

二、新教师和学生之间的距离应如何把握

1. 给自己画一条红线

在课堂上、在教学中，你是教师；在课外，你是学生的大朋友。教师要分清场合，不能含糊；要明确地告诉学生，什么场合下必须听老师的，什么情况下可以和老师开玩笑。学生是不容易转换角色的，所以你要用课堂上和课外的真实情境和事例给学生举例子。还要给你的学生定一些规则，包括你讲课的时候应该怎样，在同学回答问题时应该怎样，写作业时应该怎样，总之，课堂中的各个环节都要有明确的要求。要一步一步地反复、耐心地讲述给学生听，还要做示范。规则不可能讲一遍学生便都能遵守，这个和学生掌握知识是一个道理，需要讲解、复习、测试、点评，经过若干次循环，学生方可养成良好的习惯。过于急躁，是很多新教师的通病。不能指望学生一下子就都听懂了（包括知识点和规则）而且能不折不扣地执行。如果是那样，教育也太简单了。

2. 和其他任课教师做好沟通

要和你的班主任做很好的沟通，让班主任和其他老教师帮助你，但是也不要盲目听从他们的建议，因为这些建议有的是对的，有的根本不能用，

别盲目照搬。你需要的是班主任切实的帮助，而不是让他对你面授机宜。把你的困难告诉他，也把你希望班主任怎么帮你真诚地提出来。一般来说，只要一个人诚心求助，多半会得到他人的帮助。

3. 多观察

观察那些做得好的老师是怎么做的，看看这样的方法自己能不能用得上，并且去实践。方法必须通过观察、学习、尝试，才能变成自己的东西。

4. 好好利用你的学科优势

凡事都有两面性，利与弊都是相对的。你教的虽是副科，但也有自己的优势。副科的升学压力相对较小，师生之间关于分数的利害冲突就小，你要充分利用这一点改善你和学生的关系。你可以在班级里成立生物兴趣小组。据我所知，很多学生都喜欢学生物。你可以先把一些喜欢生物的学生拉过来，再以此把其他学生拉进来。你是年轻教师，又是教副科的，课外时间相对比较充裕，可以利用休息日，带一些学生走进大自然，到户外去感受生物的魅力，一边玩一边讲解。人与人之间的感情是慢慢培养出来的，在接触了解学生的同时也让学生了解你，这是和学生搞好关系很好的方法。如果有可能，甚至可以把一些合适的生物课搬到室外去上，这样更有趣味，也能让更多的学生喜爱生物课。学生喜欢生物了，你的教学自然可以顺利开展。

5. 改善课堂教学

例如，你可以给学生开一些趣味讲座，引发学生的注意，不要仅仅是照本宣科，使出你的浑身解数来。还可以在班级里搞一些生物知识竞赛，让学生撰写生物小论文等。你在课堂上不要仅仅强调纪律，要用有趣的内容吸引学生，在课堂上还可以给学生一些自由活动时间——如果一节课能高效率完成任务，那么，就给学生一点时间，让他们可以自由地做一些有趣味的事，比如做一个小游戏、小竞赛，甚至是其他学科的作业。还可以设置一些固定的栏目，根据学生的表现和教学进度完成情况适时开展。在学生违纪时，首先要提醒，反复提醒，带着学生的名字提醒（而不是点名训斥），提醒之后对学生予以警告，最后再采取措施。采取惩戒措施时，要注意给学生做"选择题"，也就是开出几项惩戒方式，有轻有重，让他们自己去选择。违纪的学生不是只有一条路可走，也就不易引发师生冲突。

于洁建议

有时候弱势比强势更好

陈宇老师的点评和建议是非常中肯的。新教师首先要让自己自信起来，明确自己的教师身份，然后多和老教师沟通，观察他们带班的方法，并努力提升自己的教学水平，让自己站稳讲台。

我注意到案例中有一句话："我对他们仍不是很了解。"

要让一群自己不了解的人听你的话，这是很艰难的。所以，教师只能用发脾气的方法来控制课堂纪律，而当发脾气也被学生们习以为常不觉得可怕时，教师就"黔驴技穷"了。

那么，教师首先要做的就是去了解学生。

一、了解学生

1. 找生物科代表了解情况

用诚恳、平等的态度,从科代表那里了解你的学生们对你的生物课的评价——课上得好不好,是否吸引人;学生除了课本以外,还想了解哪些生物问题……

有趣、有情的课堂才能够深深吸引学生。生物课老师至少不用像语文、数学、英语、物理等科目那样天天盯着学生要分数,你完全可以放开来讲一些生活中学生们感兴趣的生物问题,甚至可以放《动物世界》之类的节目给他们看。课堂乏味,会直接导致课堂纪律问题。

你还可以从生物科代表那里了解班里每个学生的优点或者特长。学生们已经相处一年了,彼此比较了解,应该可以说出点东西来的。比如这个同学跑步挺快的,那个同学脾气很好,那个同学很热情……在和学生交流时,这些信息都能用得上。

2. 找班主任了解情况

注意,你要从班主任那了解的不仅仅是学习成绩,主要是每个学生的优点或者特长。

3. 给全班学生写封信

等情况基本了解清楚后,你可以给全班学生写封信。请看下面的示范:

可爱的同学们:

真的很抱歉,由于我的一些问题,开学到现在一个多星期,我们相处得不太愉快。还没有上几节生物课，我就对你们发过几次脾气了。唉，在你们眼里，我是不是个不可理喻的老师？

每次想到这个，我心里就难过极了。不怕你们笑话，我还流过泪。

今天，借助文字，我想把我内心的想法与你们坦诚交流。现在，给你们写信的，不是一个只会板着脸发脾气的生物老师，而是一个真实的、坦诚的、渴望被大家接受的、刚走上工作岗位的年轻人。

我是多么渴望了解你们，走进你们的内心，成为你们的朋友！我们相处的时间虽然很短，才一个多星期，可是，我已经初步了解到每一位同学的优点和特长。我一一写出来，你们看看我了解得对不对，好吗？

××，你一直是个彬彬有礼的人，你每次看到老师都是笑眯眯地打招呼。

××，你的作业字迹很端正，看上去让人赏心悦目。

××，听说你是个运动健将，跑步得过第一名呢。

××，我看到过你拖地，那真是认真仔细得很啊！

××，我看见过你为班里扛纯净水，你汗流满面，连后面的衣服都湿了，我很感动。

××，你的脾气特别好，做事情特别有耐心。

……

同学们，你们身上有很多值得我学习的地方，我有时候脾气比较急躁，有时候不能换位思考，我还需要在教学方面狠下功夫……

我渴望你们能够理解我、帮助我，你们也可以成为我的老师。

真诚地谢谢大家，请给我们彼此时间，让我们彼此坦诚相对，好吗？

爱你们的老师：×××

除了完成自己的教学任务外，你偶尔还可以"做好人"，上课前先向科代表了解今天其他功课作业多不多，如果作业很多，那么就在上课一开始善解人意地说："我知道大家今天作业比较多，这样，大家如果很好地配合我，我今天的课就只讲一半，还有一半时间奖励大家做作业，好吗？"

二、控制好自己的情绪

不到万不得已，别拍桌子骂人。铃声响了，如果教室里的多数人对你仍视而不见，依然我行我素，乱哄哄的，你也不要发脾气，而是要站在教室门口静静地观察每个人，目光不要严厉，但要犀利、灵活、有神。一般情况下，片刻之后，多数学生会安静下来。此时，你一定要及时给同学们一个满意的表情，表扬表现好的人，表扬要具体，指出哪一排、哪一组的同学安静，哪些学生坐得端正。

我记得我读初中的时候，同学很调皮，只要是副科老师来上课，往往纪律就很成问题。但是有一个生物老师给我留下了很深的印象。她静静地站在教室门口看着我们，足有一分钟，一直看到每个人都闭了嘴眼睛盯着她看了，她才慢慢走进教室来，露出一丝微笑说："不错，就这样。"

她上课的时候，如果发现有人走神或者窃窃私语，不守纪律，她也是这样停下来，不说一句话，直到所有人的眼睛都盯向那个违反纪律的同学，那个同学被大家看得有点尴尬的时候，她才轻轻说一句："好，大家看着我，我们继续。"

这个老师从来没有厉声批评过任何同学，甚至大声说话都没有过，但是却有一种不怒自威的气场，她的生物课比班主任的课纪律还好，学生们的生物成绩也很好。

这个方法很有效。我记得每次我到陌生的班级去监考，里面闹哄哄的时候，我也是这样静静地站在教室门口，直到安静下来才走到讲台前，那个时候教室里可能又会有一点小小的议论，因为他们会不由自主地评论我这个陌生的监考老师。这个时候我就又静静地站一会儿，直到没有声音，但如果还有学生摆弄桌上的东西，我就会轻轻地说："还有一个同学没有准备好，我们一起等等他吧。"这时候，学生的目光就会都盯着那个学生，他就会赶紧弄好。

"不错，大家都准备好了，现在我开始发卷子。"我就可以轻轻说话了。

在音乐中有一种声音叫"弱强音"，声音很低，但是很有震慑力。真正厉害的人是不需要大声吼叫的，大声吼叫的人是很容易被人看到你的底细的。你在进班第一天大声吼叫，就露了你的底，时间长了，学生就不会对你有敬畏心了。

我相信，只要你一直在观察学生，一直在思考如何更好地做好自己的工作，就算衣带渐宽，就算人憔悴，也会有蓦然回首的那一天的。

唯有踏破铁鞋，才会得来全不费工夫。

保持平常心，保持热情，一切从头开始吧！

案例 2

晚自修纪律的纠结

我接手高三（10）班已经一个月了，很多工作开展得都很顺利，孩子们对我比较认可，也比较听话。但唯有一样，晚自修的纪律情况却不尽如人意。

开学初，年级里就统一制定了明确的规定：晚自修不允许讲话，也不允许讨论问题（因为值班老师无法区分讨论问题和讲话），第一次违反者在教室后站着看书，第二次将被取消晚自修资格。

开学以来，年级值班人员巡视时没有上报过我班晚自修纪律有问题，我每天不定时巡视也未发现不良情况。但近两周内，与学生逐个交谈时，问及晚自修情况，为数不少的学生告诉我，作业少的时候晚自修总有人讲话，班干部遵照我的要求及时提醒和制止，但有时有用，有时无效。我班10月份月考的成绩较9月摸底考试明显下滑。我本周一班会课刚分析完成绩，对学生进行了较为深刻的教育，并再一次提到晚自修纪律的问题。

周二晚自修巡视时，我发现确实有若干学生小声地讲话。我之前与10多位同学分析月考成绩时，也有同学反映晚自修纪律不佳，有的同学甚至想因此调换位置。

回顾开学以来，我对学生做了很多思想工作，每位同学至少谈过一次，无一遗漏，谈学习，指导学习方法。早读和午自修的总体秩序良好;宿舍卫生和纪律开学初出了一点小问题,经过及时与寄宿生沟通,至今未出任何问题。但晚自修纪律情况似乎在倒退,甚至在一定程度上影响到了本次考试成绩,这个问题不解决好,会有相当一批学生失去对我这个班主任、对这个班的信心。

我考虑了一下,"取消晚自修资格"这个惩罚可能学生并不怕,回家比待在学校舒服。有什么合适的方法呢?若现在开始对晚自修违纪的学生声色俱厉地批评,会让我努力建立起来的关爱、民主等美好形象荡然无存。

我想了一个办法:每天晚自修我都亲自坐班管纪律,一直坚持到期中考试,期中考试成绩有明显起色了,就能证明保持晚自修纪律能提高学习效率。

我每天辛辛苦苦地义务加班,在班级里"压阵",相信付出终有回报。一个月后,期中考试结束了,我班的成绩一点也没有提升。我再次遭遇失败,但我始终不明白,我到底败在哪里。

(案例提供:钟晓龙)

于洁建议

坐班压阵管课堂不是个好办法

钟老师是一位责任心很强的老师,除了正常的工作,还自加压力,加班加点。为了加强班级的管理，老师已经进行了很多的尝试和努力，为了晚自习的纪律和效率问题，他做出了最大的努力——给自己规定每天晚自习在教室里坐班，坚持到期中考试，但效果却并不理想。

其实，晚自习的纪律和效率问题，一直是初高中班主任关注的问题。尤其是初三和高三，晚自习的纪律和效率更是直接影响到学生的中考和高考成绩。

那么，除了坐班压阵，有没有更好的方法管理晚自习的纪律呢？我们提出一些建议供老师们参考。

1. 澄清认识

我们注意到，学生一般会在作业比较少的情况下说一些废话。这个说明学生还不会有效管理自己的时间。一个晚自习，最好的时间分配就是三分之二的时间完成老师布置的各科笔头作业，三分之一的时间用来进行复习、预习或者查漏补缺。所以，班主任首先要利用班会课强调如何在自习课上合理分配时间，扭转学生认为自习课就是完成作业了事的错误观点。

2. 表格管理

时间是一个比较抽象的东西，如何把这个看不见摸不着的东西变成具体可感的东西放在学生面前，是班主任需要研究的问题。

我们可以设计一个表格，让学生记录半个月来每个晚自习完成各科作业和预习复习的情况，完成一个在相应的格子里打一个钩，这样，每当晚自习结束，看到这一天自己的学习效率这么高，学生会有很大的成就感。如果能坚持半个月，学生会觉得自己很了不起，学生能明确清晰地感觉到时间被自己抓住了。这样就把无形的时间变得具体可感了。

教师在巡视过程中可以查看学生在表格上打钩的情况，当发现班级学生大部分已经完成三分之二左右作业的时候，可以适当开放 15 分钟左右的时间，让学生自由讨论一些自己独立无法完成的题目。这样，整个班级就能做到张弛有度。如果整整一个晚自习完全不能讨论问题，一直寂静无声，这是很压抑的一种氛围，学生会受不了。适当开放时间，学生就能对自己的作业进行调整，遇到实在不会做的题目，他会先放一放，先把别的做完，等讨论时间到了再向他人寻求帮助。任课教师也可以在这个时间进入教室，给学生答疑解难。这个做法，既让学生明白要独立思考，又让学生明白不懂就问，两者不会形成矛盾。

班主任也可以为班级整体设计一张表格，每天晚自习老师布置的各科笔头作业都已经完成的同学去打个钩，然后进行预习复习，这样，教师就可以清楚地了解班级整体作业完成情况，这样的一种整体推进，也能有效地提高晚自习效率。教师还可以根据这个表格了解到班级学生中哪些是经常性很晚才完成作业的，教师可以去帮助他寻找原因，是因为不会做还是效率低。

3. 个别处理

案例中提到班级中确实有个别学生影响到他人上晚自习，那么教师就需要进行了解，然后个别谈话。在规则面前，必须人人平等。如果条件允许，可以开设一个空教室，让这几个暂时还不懂怎么上自习课的学生在这个空教室里做功课，一个年级可以派一个老师进行坐班，而其他懂得上晚自习的学生则可以采用教师不坐班的方法。

另外，陈宇老师实施的班级秩序管理辅助机制——值日班长制也是让课堂不闹哄哄的一个好办法。全班学生按照学号轮流担任值日班长，学生的广泛参与可以有效地减轻班主任的工作负担，而且可以帮助学生逐步实现自主管理，也避免有的学生因为"无事可做"而"无事生非"。总之，班主任只是简单地坐班压阵，而不采取实实在在的措施，只能在面上管住纪律,但是并不能提高学生学习的效率。学生人在心不在,即使教室再安静,他们的心并不安静,同样不会有效果。

很多教师工作很辛苦,收效却很小,究其原因,他们仅仅是在面上把工作做了,并没有触及学生的实质性问题。不从根本上了解事情原委,找到问题的症结所在,只从表面上控制,出了什么问题就去解决什么问题,这样的工作就是肤浅的,效果自然不会好。班主任的工作没有深入一步,班级管理的水平就始终不会有实质性的提升。

案例3

课堂上有许多学生讲话

"你们这个班级,简直是不可救药了,你看看他们做的作业,简直是一塌糊涂!我教不下去了!"

英语老师气冲冲地走进办公室,把一摞作业本重重地放在我的办公桌上。

"自习课都不知道在干什么!昨天英语作业不多,我特地关照他们利用自习课好好读读背背,今天要默写。可是,你看,同样是默写,隔壁班级只有两个不合格,你们班级呢,20个!"她又把厚厚一摞英语默写本摊开在我的办公桌上。

我还没来得及说话,数学老师也加入进来了。

"我正要说你们这个班级的纪律呢。只要我一转身,他们就要讲话,根本静不下心来。昨天做了份试卷,连简单的计算都错得不像话。唉!"数学老师倒是没有像英语老师那样厉声批评,可是他的那一声长叹,把我的心重重地砸到了谷底。

他们不知道,我也一直很苦恼……

作为一个小学高年级的语文老师兼班主任,我是中途接的班。他们原来的班主任调到别的学校去了。现在我接班已经近一年了,但总感觉和学生之间没有那么亲近,师生的感情不深。最让我头疼的是班级的纪律特别差,语文、数学、英语课都是如此。这些课堂共同的特点就是有许多学生说话、走神。自习课也是这样。今天两位任课老师同时告状,他们的言外之意似乎是我管理不得力,我真是有点委屈——在领导的要求下,我勇挑重担中途接班,接的却是一个"烂摊子",真是吃力不讨好啊!我心中有很强的挫败感!

(案例提供:佚名)

于洁建议

了解原因,对症下药

我们先来分析一下学生上课注意力不集中,讲小话是由哪些原因造成的，再来针对性地解决问题。

一、没有明确的学习目的和任务

没有明确的学习目的和任务，自然不能使学生长久地集中注意力。每一次学习之前，如果不给学生规定具体的任务，不限定时间，学生学习时就会松懈拖沓，容易分心。

比如前面已经提到的，自习课上很多学生讲话，很可能就是因为学生做好老师布置的作业后觉得没事干了，可以放松一下了。这样的学生没有完成作业后自己预习、复习的习惯。

1. 调查了解学生的作业完成情况

在自习课的后半段时间先做一个调查：哪些同学已经完成老师布置的笔头作业了？请举手向老师示意。

这一行动给全班同学一个强烈的暗示：老师会进行有关作业完成效率的统计。那么，平时那些做作业三心二意的孩子就会慢慢不再浪费时间，开始抓紧做作业。

你也可以把那些已经完成的作业收上去，做一个简单的检查，一边检查一边进行表扬：某某的字迹真端正，某某的作业比昨天有进步，某某今天的学习效率很高……在这些表扬中，一定要有学习成绩处于中下游的学生，就算他的作业和成绩与优秀的学生无法相比，也要给出正面的积极暗示。

2. 指导学生学习

你可以在自习课后半段时间在教室里走动，给学生明确的暗示：现在，老师要来看看那些做好笔头作业的同学是怎么进行自习的。你可以在走动中小声询问："某某，你接下来准备干什么？""某某，你呢？"

当学生说出自己下一步的打算时，要给予肯定："嗯，不错，你很会学习。"

在巡视的过程中，要注意观察，并且不断说出自己看到的情况："嗯，某某真会学习，把今天所学的英语知识点都归纳在自己的小本子上了，那他将来考试前的复习就省力啦！""嗯，某某很聪明，知道自己数学方面比较薄弱，就自己找课外的题目来做。""嗯，某某很有超前学习的意识，在预习明天的课文了"……

这个表扬的过程，其实就是给全班同学示范如何进行自习的过程。

我们发现很多老师的问题就是没有具体地指导学生如何自习，而是笼统地下命令说：认真自习，不许讲话。

因为这个班级是你半路接手的，我建议你在学生已经养成良好的自习习惯前辛苦一下，你可以自己多值几个自习课，也可以和值班老师多沟通，还可以给值班老师一个记录本，让值班老师写下哪些同学认真或者不够认真。

3. 做"家校联系单"

学生住校，家长是不大了解孩子在学校的情况的，"家校联系单"是最好的家校沟通的桥梁。有了这个联系渠道，你可以在"家校联系单"上表扬那些自习课上很会学习的学生。表扬不仅仅是写个名字，更要把他的具体行为写出来。这个给家长看的过程，也是对其他学生的一个提醒：只要你做得好，我一定会告诉你家长。

如果哪个学生自习课不认真，你可以私下与之谈心，给他改正的机会。

如果有进步，就大力表扬，如果第二次依旧不认真，就再次提醒，第三次也这样。若再犯，便要在联系单上公布，这样全班同学的家长都会知道某某不认真。（表扬名单可以连名带姓写学生名字，批评可以采用写学生学号的方式。）

在这个过程中，教师一定要做到公正公平，并且要说到做到。

二、对所学内容不感兴趣

学生如果对所学内容不感兴趣，那么学习对他而言是一件苦差事，需要相当大的毅力去集中精神。意志稍一薄弱，注意力便会分散。

课堂纪律是为教学服务的，但是教学也反过来对纪律有很大影响。讲课水平高的教师纪律问题自然少。只有那些讲课不吸引学生的教师，才依赖于严格的纪律。因为你不爱听，所以我只好逼着你听。所以，教师不能单方面责怪学生上课不认真听讲，也要反思自己在教学上是否单调死板，有没有采用多种方式有效提高学生听课效率。

一般情况下，小学生在课堂进行到 20 分钟时，大部分学生的注意力就没有一开始那样集中了。那么，在这个时间点上，老师就要改变一下教学方法，调整一下课堂气氛，采用提问、上黑板练习、小组讨论等方式来继续吸引学生的注意力。

在这个过程中，也许还是会有个别学生注意力分散，想和别人讲话，教师可以不动声色提醒这样的学生。比如走到他身边去讲课、轻轻拍拍他的肩膀，善意地提醒他认真听课，或叫他边上的同学起来回答问题，使他周围的同学意识到老师在盯着自己这一块地方，等等。不要因为个别学生的问题而停下讲课浪费全班同学的时间，教师可以在课后和那个不认真的学生个别交流。

教师必须要有良好的心态。在我们成年人的世界里，人与人尚且有这样的区别：有规则意识的人过马路前看是不是红灯，没有规则意识的人过马路前看有没有警察。更何况小学生呢？所以，不要把学生上课讲话上升到品德高度，这只是个需要我们反复提醒、不断纠正的行为习惯问题。

三、学生借助上课说话来引起老师的注意

在如今的家庭里，孩子总是备受呵护，但是在团体里上课时，孩子就会觉得自己只是许多学生中的一个罢了，并不重要。已经习惯大人嘘寒问暖的孩子，若在教室里得不到平日在家中所享有的关爱时，就容易做出一些负面的行为，来吸引老师对他的注意。

如果只是心理层面的需求，假以时日，教师便可以将孩子导回正途。若孩子有生理方面的障碍，就需要老师多关心、多注意观察孩子在校的行为与生活习惯，如果有任何疑虑，最好及早寻求专业人员的协助，及早治疗。

四、学生过度兴奋，注意力不集中，容易受别人干扰

比如，刚坐下来上课时或刚上完体育活动课或刚进行完一次测验，学生的大脑依旧处于兴奋状态，没有调整到静心听讲状态，这些都容易使学生觉得意犹未尽，还要再交流一会儿。

出现这种情况，班主任亲自压阵或者大声呵斥都不是好办法。我采用的方法是预备铃响后由科代表上讲台领读，一直读到任课老师进入教室。这个过程虽然只有两分钟左右，虽然不一定可以使全班都进入朗读状态，但是却对安定全班情绪，让学生做好上课准备有极大的好处。

假如学生是住宿的，那么你还要去了解一下宿舍的情况，是否有学生在宿舍里不按时睡觉，或者聊一些电脑游戏之类的比较容易使人兴奋的话题，以至于在课堂上还要进一步交流。良好的睡眠有助于集中注意力，上课不走神。

五、未养成良好的听课习惯

这是孩子的认知发展问题。刚进入学龄阶段的孩子，一时还没办法适应学生生活，对老师的要求不甚明白。尤其是年纪小的孩子，一开始踏上正规的教育体系，就刚好进入规定较严格的学校、遇上比较遵循传统教学法的老师时，往往无法从自由发言的家居生活，马上调适到要举手发言的学校生活方式，于是就有了在教室里自由开讲的现象。这时就需要老师有无比的耐心，以及一看到学生的进步就马上表扬，才能慢慢纠正孩子的不良习惯。

以上这些都有一个前提，就是要寻找原因，才能做出有效的调整。

CHAPTER

第二章

班级管理陷僵局

很多班主任之所以面对班级管理问题束手无策,是因为他们缺乏科学的方法。其中,运用好"规则",是非常重要的一环。用班主任的权威来解决问题,即使解决得再和谐完美,也比不上用规则来解决问题公平公正。一个规则文本可以替代班主任大量的、重复的、毫无力度的说教。规则不能代替教育,但是,规则却是班级管理中最不可或缺的。

尊重学生是每个老师都必须做到的,只有师生间互相尊重,才能平等交流,以诚相待。对于突发事件,班主任可以采取更科学、更人性、更艺术的方法来处理。也许一句话就可以把尴尬的局面打破,也许一个玩笑就可以让问题得以解决。班主任缺少处理特殊情况的艺术,一根筋地坚持原则,最后只会伤害他人,让自己感到内疚。

案例4

不该发出的"最后通牒"

这件事情离现在已有二十年了。

那时我刚做班主任,年轻气盛、不谙教育的真谛,只一知半解地读了一些教育书籍,加之当时素质教育的口号漫天飘扬,为了提高学生的语言表达能力、展示他们的艺术特长、活跃班级的气氛,我想了一个办法:利用连续几周的班会课时间让全班每位学生逐一上台进行简短的自我介绍及才艺表演,这个活动现在仍有很多的班主任在做,包括一些小学班主任。

当我宣布这个决定时,孩子们拍手称快,个个都挺兴奋的,我想这样自娱自乐的活动应该能够得到全体同学的支持。为了公平起见,我采用了让学生抓阄的方式来确定先后次序,同学们也表示赞同。就这样孩子们按照规矩一个个抓阄并记好自己的序号,轮流上台表演,教室里时不时传出热烈的掌声,一片和谐融洽的气氛。

但是,轮到三号——一个腼腆的小女孩时,她紧张地哭了,死活不肯走上讲台,尽管同学们给予了热烈的掌声和善意的鼓励,但她丝毫没有挪步的意思。我一看急了,总不能让这个活动在这里卡壳,总不能因为你一个人的原因而打乱整个活动计划啊!于是我也加入动员的行列中,在多次劝说无用后,我下了最后通牒:"如果今天你不表演,那么全班同学都等着你，直到你完成任务为止。"

小女孩仍趴在桌上不断地抽泣，就是不肯上台，班级的气氛一下子变得异常严肃，就这样僵持着直到下课（其实时间并不长），这个孩子依然没有完成"任务"，活动自然也就此搁浅了。

在后来的周记中，大多数孩子写到了这次活动，都是肯定上台表演同学的优点，表示这个活动令人难忘。而唯独她，则是以半检讨的方式跟我诉说了原因。她从小到大就害怕在别人面前表现，从来不敢大声和别人说话，更谈不上有什么表演天赋，尤其在这方面缺乏信心，不要说课上有这么多同学看着，就是课后也不敢站到讲台上。当同学们和老师一定要让她表演时，她真的想找个洞钻进去，甚至连死的想法都有。

（案例提供：费佳玉）

陈宇建议

己之所欲，亦慎施人

中国有句老话，"己所不欲，勿施于人"。其含义是显而易见的——自己不希望他人对待自己的言行，自己也不要以那种言行对待他人。这句话对教师的工作也有很重要的启示：教育学生采用的方式方法合适不合适，先要经过自己良心的拷问，要做换位思考。有换位思考习惯的老师是善解人意的，师生关系和家校关系往往都比较融洽。道理大家都懂，但是，这句话的另一面却经常被老师忽视——难道己之所欲，就一定要施于人？

在众多教育失败的案例中有一类，我们可以称之为"好心办坏事"，本案例即属此类。我们探究一下，为什么教师的初衷是好的，活动设计也是用心良苦，为什么还会出现那个给所有参与者带来阴影的尴尬场面呢？原来，教师在考虑问题时，忽略了一个最为重要的环节，那就是活动的主体——学生。具体来讲，这个案例给老师们带来的启示有这样几点。

一、把学生放在第一位

无论设计什么活动，都必须把学生放在第一位，这种理念必须形成一种条件反射式的思维习惯，否则就容易出现类似于本案例中的偏差。活动的参与者和受益者都是学生，教师是为了学生而搞活动，其他一切目的都是次要的、附属的。从这一点上讲，案例中费老师的动机是不错的，但是动机正确，方法却未必一定正确。犯此错误的老师有一个共同点，就是只是主观上是这样想的，但在具体行动上却没有切实为学生考虑，还是"以我为主"。这并不是考虑不周全的问题，而是一种思维和行为的习惯，要想改变，需要教师经常提醒自己，做反思，"照镜子"。如果具备了"学生第一"的思维，教师在安排这种全员参与的活动时，必然会考虑到班级里有各种各样的学生，他们中有的人会很喜欢，有些则无所谓，还有些根本不愿意参加，那么设计时肯定会更加细致一些。即使做不到询问每个人，至少在操作上也会做得更艺术一点，比如可以让有表现欲和有准备的同学优先,再进一步推广到全班。

所谓众口难调,一样东西即使再好,也不可能人人都喜欢,更何况教师和学生之间本身就存在着诸多差异。一项活动到底好不好,到底谁说了算,不能仅凭教师的感觉或者喜好,而是要看学生是否喜欢。虽然学生的兴趣可以引导,但是必须是顺势而为,不能强迫。

二、三思而后行

基于以上考虑,教师在设计活动、做决策时,不能仅凭个人感觉和好恶,一定要养成"三思而后行"的习惯。这"三思"包括:

1. 换位思考

站在学生的角度去想问题,进入学生的思维状态,看决策是否可行、可接受。而且,这种换位思考还必须以班级里不同层面、不同个性的学生来进行,甚至站在家长的角度去思考。

2. 把困难想在前面

不要光想着活动搞起来、制度执行起来会有怎样的好效果,而是对决策可能产生的阻力和副作用做充分的预测,这样的思考才能把很多麻烦事先考虑到,既不会造成结果与期望反差太大,也能事先采取一些防范措施或者想一些应急预案。

3. 想好决策执行的保障是什么

班级活动可以分为短期的、一次性的和长期的、系列的。特别对于后者,设计之初就要想到如何才能坚持做下去,越做越好,不能"拍脑袋决策"。很多活动在一开始总是热情高涨,轰轰烈烈,但随着时间的推移,渐渐地就坚持不下去了，虎头蛇尾甚至有头无尾。所以，坚持是最难的，而能坚持到底的，往往就是成功者。教师的威信丧失，也和自己经常做事"三分钟热度"，没有善始善终有关。

教师有了这三思，可最大程度地保证自己的决策立于不败之地。在本案例中，教师过于理想化了，以为这项活动很有意义，学生们肯定都会积极参与，对困难和变数估计不足，以致出现问题时没有备用方案。

三、面对突发事件，应随机应变

在班级活动中，肯定会有一些突发的问题出现，不可能完全按照事先设计好的流程进展下去。在面对这些偶然事件时，教师应该冷静几秒钟，想出合适的变通方法，实在想不出好方法，就暂停或者换一个活动。本案例中，前两位同学的才艺表演都没有问题，这些都在班主任的设计思路之内，但是到了第三个同学，情况突变，班主任却没有随机应变，而是与学生僵持在那里，导致大家都下不了台。最后，作者试图用班主任的权威逼迫学生上台表演，导致事情越来越糟糕。

班主任在带学生进行活动时必须始终注意力集中，随时观察。也就是说，学生可以放松，但是班主任不行。如果班主任善于观察，在抽签时就可以看出哪些同学是兴高采烈，哪些同学是面有难色的。在前两位同学表演时，第三位同学肯定是比较痛苦的，班主任也没有察觉，直到轮到那个小女孩时才发现"她紧张地哭了"。教师通过观察，可以发现很多问题，提前采取行动，把"突发事件"消灭在萌芽状态。按惯例，一号同学表演时，应该提示二号同学做准备，以此类推，当三号同学出现这种状况时，完全可以简单地说一句："三号同学还没有准备好，后面哪位同学想提前表演的请举手。"这样就不露声色地把这个小问题解决了。

本案例暴露了年轻班主任经验的不足，这是可以在以后的工作中改进的。

四、组织班级活动的两个原则

有些班级活动不必强求全员参与，只要大家觉得好就是成功。这里有两个原则可供教师朋友参考。一个是控制底线，"大多数人受益，没有人受伤"，另一个是"不搞一刀切"。

在活动中若绝大多数同学都很开心，教师更应该关注是否会有一些人感到失落，不能把大多数人的快乐建立在哪怕是一个人的痛苦之上。类似于本案例这样的班级活动，应该本着"自愿参加"的原则，不要搞"一刀切"，强调"一个都不能少"。个别学生因为个性等原因不愿意参加活动，本应该在教师的考虑范围之内，而且是应该被允许的。案例中的女孩没准备好表演节目，教师不必强求。她不参加，既不影响活动的质量，也不影响她对其他同学节目的欣赏。班主任要求全员参与的想法是好的，但是，也要善于变通，不要过于追求完美。追求完美带来的结果可能不是给活动添彩而是"添堵"了。

与"追求完美"相对应，"适当降低要求"可以让师生双方的心态都有所放松。教师可以有追求完美的意识，但是也要有退一步海阔天空的思想准备。追求完美之心会让教师精心设计、仔细规划，力争取得最佳效果；凡事"留有余地"，可以不让自己和学生陷入退无可退的境地，做事的回旋余地就大,师生之间不易产生矛盾。事实上,即使准备得再充分,也不会真正十全十美,任何活动,总是有一些瑕疵、遗憾的,这才是真实的。

案例5

我最沮丧的一天

今天是开学以来我最为沮丧的一天。

上午最后一节课是学生最喜爱的体育课,我把这节体育课取消了,我知道这很可能引起孩子们的反感,但我不得不这么做。因为就在前一天,我校宿管处主任打来电话,说我花了很多时间和心血带的班级,居然在同一天里,在17:15放学后,到18:00上晚自修前,不到1个小时的时间里,有7位同学在宿舍里违纪!其中,有三人抽烟,四人打牌。

我是学校的德育主任兼这个班的班主任。本想着以身作则,让班级成为高三年级,甚至全校的标杆,这回可好,班级的荣誉在一瞬间被毁坏殆尽。

学生违纪是必须要严格处理的,当天德育处的处分决定就公布在学校橱窗和年级所在的楼梯口。宿管处的停宿通知书于第二天公布,均无限期"停宿"。

处理本来已经够严重了,但我觉得这样还不够。抽烟的三位学生,以前就因为抽烟被处分过，现在又犯相同的错误。打牌的学生也不是初犯。我经过慎重考虑，做出了"取消体育课"的决定。

上午第四节课，全班到操场集中，我将7位同学依次叫出队伍，站在我身旁，面对全班同学。同学们都有些茫然地看着我。我宣布，因为我们8个人的过错（7个学生加上我），令我们高三（10）班蒙羞，使班级荣誉受到极大损害，所以，今天请全班同学作个见证，我要带着违纪的7位同学一起，绕操场跑，直到我跑不动为止。

话一说完，我便开始跑第一圈，同时督促其他7位同学跟上。跑到第三圈时，最后一个孩子已比我慢了半圈，我担心有的孩子身体吃不消，所以跑到第四圈后我停了下来。往后一看，五位同学基本紧跟，一位同学在懒洋洋地走，最后一位同学确实体力不支，已经彻底跑不动了。

等最后一位同学跑完四圈，我面对全班同学说："今后再有违纪的同学，除接受学校相应的处理外，还要有班级的处罚，处罚的内容就是我带着违纪的同学跑步。因为同学犯错，是我班主任管教不严，我应负有责任，大家是否同意？"

全体同学用"同意"回应了我的问题。我又说："同学们能不能按我的要求去做？当然我的要求不会过分。"

下面传来异口同声的"能"。我感到些许安慰，但同学们并未用最响亮的声音回答。于是我加重语气重复了问话，并说："我希望全体同学用最大的声音回答我。能不能？！"

"能！"声音霎时响起，整齐而响亮。

（案例提供：钟晓龙）

> 于洁建议

做教育不能刻意

案例中因为7位学生违纪,班主任取消了全体同学的一节体育课。作者认为自己是德育主任兼任这个班的班主任,而且花了很多时间和心血,一心想要这个班级成为全校的标杆,而现在因为违纪事件使班级荣誉受损,所以非常沮丧。

这里有一个问题比较明显:7位学生违纪,但是受罚的是全体同学,一节学生最喜欢的体育课被班主任取消了。

换位思考,假如我们是这个班级中没有违纪的学生,面对这样的惩罚,心中是怎么想的?想法可能有两个,一是觉得班主任比较无理,采用了"连坐"的惩罚方式;一是有点埋怨那7位违纪的学生。这两个想法,不仅对师生关系不利,更对生生关系不利。

班主任的出发点是好的,但是,有一个前提不容忽视,那就是,班级集体氛围的营造,必须建立在学生对这个班级非常热爱,高度重视集体荣誉的基础上,必须建立在学生对班主任很敬重,不忍让老师伤心的基础上。只有具备这样的基础,才能让全体学生真正为班级荣誉受损而难过,才能让违纪学生在强大的舆论面前自省愧疚并有强烈的将功补过心理。否则,只能是班主任的一厢情愿。

案例中的班主任作为德育主任，内心深处非常希望自己带的班级能够成为全校的一个标杆，这是可以理解的，换了任何人，都会有这样美好的想法。只是，在生源相同的情况下，如果要自己班级的学生毫无违纪行为、成绩胜人一等，是很难在短期内做到的。何况，这个班主任还是中途接班，学生和教师之间还需要有一个彼此磨合适应的过程。

所以，当前面所说的前提还没有建立的时候，班主任采用"连坐"的方式，恐怕是无法达到预期的效果的。

如果一个班级还没有建立起强大的、正面的集体舆论，没有建立起非常良好的师生关系，这些没有违纪的学生被取消了一节体育课，站在操场上旁观班主任与7个违纪学生跑步，他们内心深处究竟是怎么想的？也许是看热闹，也许是无动于衷，也许心中有些痛心，有些疑惑。

这个时候，他们是非常希望这件事情快些结束，否则所有人都觉得很尴尬。所以，当班主任宣布他的决定时，学生们第一次的不整齐不响亮的声音也许更能够代表他们内心真实的情绪，而当他们发现这样的声音无法快速应付班主任的时候，他们选择了顺从，用响亮整齐的声音"安慰"了班主任。班主任对这样的声音满意了，这件事情就可以告一段落了。没有一个学生愿意再纠缠这件事情。

我们发现，这个"违纪的同学，除接受学校相应的处理外，还要有班级的处罚，处罚的内容就是班主任带着违纪的同学跑步"的决定，是班主任单方面做出的，显得武断与霸道。这个处罚仅仅是处罚了班主任本人，与其他不违纪学生无关，所以学生们也就无所谓了。

那么，这个偶尔可以采用的"震撼"计策，或者说白了有点苦肉计味道的计策，若是每次都用，效果可想而知。

班主任表达内心的心痛焦虑可以有更好的方式，比如给违纪学生写一封信，说一说那些学生的优点，说一说老师对他们寄予的希望，说一说看到他们违纪后老师内心的心痛之情。也许，在学校已经贴出处分后，班主任用这样柔性的方式更能直击学生的心灵。班主任还可以写一封信给全班同学，把自己内心的一些真实的想法，那种恨铁不成钢的痛楚与期待表达出来，会更激起学生内心深处的反省。

对学生的教育，本身就是一场旷日持久的拉锯战，班主任不能一厢情愿地希望速战速决，不能一厢情愿地希望一劳永逸，不能一厢情愿地希望没有反复，不能一厢情愿地以为"我爱学生，学生必定也爱我"，不能一厢情愿地以为自己所有的良苦用心都会被学生理解和接受。

我们要以平和的心态，看待班级中发生的违纪事件，不焦不躁，做好打持久战的心理准备，在此过程中，不带任何一点功利的色彩。真水无香，大爱无痕，不刻意地做教育，是我们努力的方向。

案例 6

我败给了能言善辩的学生

刘某在班级里是最能言善辩的，可惜这个本领没用在正道上，倒是拿这个来对付老师。她很聪明，但是在学习上没放多少心思，成绩中等，得过且过。上课时她经常耍点小聪明，趁老师不注意就偷偷看小说、玩手机。因为做得比较隐蔽，经常也能骗过老师的眼睛，如果不巧被发现了，一般是抵赖，再不然就是狡辩。老师说一句，她顶一句。她善讲歪理，经常把老师气得发抖，又没有很好的方法对付。来硬的吧，有粗暴之嫌，而且，说重了，她就一哭二闹，让你拿她没办法；好好说，她又巧于辞令，说也说不过她。遇见这样的学生，真是很窝囊。我这个班主任，偏偏又不太会说话，经常在和她的交锋中败下阵来。

那天英语老师又来找我告状，说刘某上课时玩手机，刚说完，正好刘某来办公室找本子，我就叫她过来，问她：

"听说你上课玩手机？"

"没有。"

"英语老师说你上课玩手机。"

"我没有，我用计算器而已，我当时在写数学作业，我数学作业没有写完。"

"你上英语课写数学作业？拿你的计算器过来给我看看。"

"老师，要上课了，你和我过去拿。"

"你犯错误了，不是我犯错误，犯错误就要受到相应的惩罚。"

"我去上课了，随便你。"

"你去拿过来，然后再去上课。"

"不，我要上课。"

说完她便去上课了，头也没回。我又问了英语老师，是不是确定刘某上课时在玩手机。英语老师不高兴地说："我这么大人了，连计算器和手机都区分不了吗？"

我简直是猪八戒照镜子，里外不是人，真纠结……

> 我真的不甘心总是这么败给一个学生！
>
> （案例提供：佚名）

陈宇建议

不可缺少的班级管理规则

这个案例虽然短，但是仔细分析下来问题却不少，大致有以下几个方面。

一、英语课上有人玩手机，英语老师为什么不自己处理

英语老师发现刘某上课时玩手机，自己没有处理，而是告诉了班主任，让班主任处理。这里的原因可能有两个：

1. 科任教师不知道如何处理学生上课玩手机的情况

关于学生上课玩手机，班级有没有规定如何处理？怎么规定的？如果没有规定或者科任教师不知道规定，他的处理自然是随意的。

2. 科任教师不想多事，把问题推给了班主任

这是很多科任教师惯常的做法——不仅与教师的个人素养和职业素质有关，也与学校全员育人理念的践行风气有关。一些非班主任的教师认为自己只是管教学的，对学生出现的其他问题并不关注。

二、班主任应如何做

无论出于什么样的原因，科任教师把班级问题都推给班主任的做法都加重了班主任的负担，对此，班主任可以采用如下做法：

1. 明确各项班级制度

班级课堂纪律的有关制度，不仅学生、班主任要知道，科任教师甚至家长也应该知道。如果科任教师都很清楚地知道课堂上出现了问题时该怎么处理、走什么程序，班级管理的效率和力度都会有效提升。每一节课上课的科任教师是轮换的，他们的个性、风格、驾驭课堂的能力有较大的差别，但制度是固定的，这就可以避免学生看人下菜碟、欺软怕硬的不良风气出现。

2. 自己的课堂自己负责

班主任有必要和科任教师取得共识，自己的课堂自己负责，除非是科任教师处理不了的，班主任才介入，一般情况下，班主任不过多地干涉。

如果科任教师就是个"甩手掌柜"型的老师呢？那班主任只有多辛苦一点，把所有的科任教师进行分析再分类：哪些老师的课堂是不用怎么操心的，哪些老师的课堂是需要经常关照过问的。班主任还要在班级里加强教育，较多地动用班干部的力量，比如，当科任教师犹豫不决时，班干部可以适当地提醒协助。

三、对于上课玩手机的同学该怎么处理

刘某上课玩手机，班级里有没有对此类错误的处罚规定？如果有，就

按照规定执行，不必看是什么人犯了错误——这就是制度公平的含义；如果没有，那就只能批评教育一番放她走人。但是，教育完了之后班主任要亡羊补牢，立即就上课玩手机的问题召集全班同学商议处理方案，得到一致性的结论后，制定出相应的规则，把管理上的这个漏洞给堵上。

四、教育中出现节外生枝的状况，班主任应如何应对

本案例中有一个细节，就是当班主任问及该生上课玩手机的情况时，学生以在英语课上做数学作业回应。这就是典型的教育中的"节外生枝"情况——学生用另一个（较轻的）情节替换掉教师原来询问的情况。这种替换往往不留痕迹，起到了"围魏救赵"的作用。其实，无论上课玩手机还是上英语课用计算器写数学作业，都是犯错误，学生不是不知道，只是企图用这种说法避重就轻，分散教师的注意力。班主任如果不能觉察，在不知不觉中被学生带着走，就很被动，火力分散，冲淡了教育的主题和力度。

出现这个情况后，我们发现这位班主任是被学生"带走了"——把原先设计好的解决手机问题转移到了"拿计算器"的问题上了。很明显，后续的矛盾都是由"拿计算器"引发的，此时问题的性质已经发生了改变，班主任开始穷于应付了。这反映出班主任在处理这类学生问题时能力还是比较欠缺，要"吃一堑，长一智"，总结经验教训，切实提升业务能力。就此情节而言，班主任应该紧紧抓住原来的主题，就手机问题深入下去，直接介入调查她是否玩手机的情况，而不是让学生去拿计算器，不要节外生枝。学生试图转移话题，班主任根本不该去接学生的话，要继续调查手机问题，该怎么调查就怎么调查，至于"上英语课写数学作业"，是另一个错

误，另案处理，学生就没有空子可钻。

很多班主任之所以面对问题时束手无策，是因为他们缺乏科学的方法。运用规则非常重要。用班主任的权威来解决问题，即使解决得再和谐完美，也比不上用规则来解决问题公平公正。一个规则可以替代班主任大量的、重复的、毫无力度的说教。今天张三玩手机了，教育一通，明天李四又玩手机了，再教育一通，这可不是长久之计。

规则不能代替教育，但是，规则却是班级管理中最不可或缺的一部分。

案例7

一年了，还是没有改变他们的学习习惯

我是一名教初一的女教师，担任班主任，刚接手这个班级的时候，就觉得学生们好像还是很孩子气，一点鸡毛蒜皮的小事就能兴奋很长时间，说个不停。上课铃声响了以后，只要老师不进入教室，他们就不会停止讲话做好上课准备。课堂上老师稍微展开一点点课外知识，他们就叽叽喳喳闹个不停，似乎知道很多的样子，而真的要求他们站起来讲一讲的时候，却什么也说不出来。后来任课老师们都觉得这个班级易放难收，都不大愿意在这个班级讲一些扩展的知识了。

如果学校里有什么活动要开展，他们就兴奋得要命，可是他们的兴奋也就仅仅是嘴巴上闹腾，真要他们有条有理地去准备这些活动的

时候，他们又无所适从。让我看了心里真是气愤。

学生无论是课上还是课下都很浮躁，很喜欢在班主任面前装模作样。自习课上如果我在后面坐镇，他们就表现得很积极，只要我不在教室就很吵，成绩也是年段中最差的。

任课老师们都说这个班级的学生学习习惯很差，上课不好好听，课后也不会自学，遇到一点点小事就互相告状，学生的心理年龄处于偏小的状态，感觉不像初一学生，似乎还在读小学三四年级的样子。

我去他们家里家访，发现大部分学生是农民工子女，基本随着老人生活，回家后根本无人监督他们的学习。

我不知该怎样改变他们的学习习惯，与他们交流谈心，他们又不开口，眼看已经接手快一年了，还是老样子，我真是懊恼到了极点。

（案例提供：佚名）

陈宇建议

爱，依然是第一位的

案例中的这位老师带这个班快一年了，还存在这些问题，不得不引起我的深思。我不知道这位老师带了多少届学生，但从字面上分析不像是新手。如果这些问题出现在一个刚刚从初三毕业班下来的班主任身上，面对刚进入初一的孩子，有这些感觉倒也可以理解，但是一年带下来了，先不说这些问题有多严重，反而是老师的态度似乎有些问题。

从语气上看，这位老师似乎对这个班级很不满，"学生们无论是课上还是课下都很浮躁，很喜欢在班主任面前装模作样。自习课上如果我在后面坐镇，他们就表现得很积极，只要我不在教室就很吵……"这些不都是初一孩子的正常表现吗？他们又不是成年人，怎么可能老师在与不在都乖乖地坐在那里呢？他们不是"孩子气"，他们就是孩子。这就是教师的工作啊，如果连看到这个都烦，那么怎么当老师呢？孩子们不愿意和老师交流，"与他们交流谈心，他们又不开口"，老师是怎么交流怎么谈的？孩子们为什么会沉默？农民工的孩子又怎么了？没有家教？那正是需要我们补上的。

我的看法是：首先，要去爱这些孩子，把他们都看成是你自己的孩子，从爱的角度去观察这些孩子，学生的优点自然能看到，如果你从内心就反感他们，你是怎么也不可能看到他们的美丽的。于洁老师分享过"小胖"同学的案例，她对父母离异、跟随老人生活、总是闹腾的"小胖"说："我不能拿你怎么样，我只能拿你当儿子。"学生同样的表现，老师从不同的角度去解读，往往能得到完全不同的观点。在老师面前的装模作样是孩子想讨好老师，想得到老师的夸奖，那么就满足他们的小小心愿也无妨。至于老师不在的时候，我们再想别的办法。这个年龄段的孩子，本来就坐不住，不是浮躁，而是他们天性如此。你要一点一点教他们怎么做，不是直接说这个不对、那个不行。他们可能并不能完全理解你要求的意思，你需要耐心地、反复地解读，不要用恐吓、威胁的口吻，要在班里表扬做得好的学生，树正面典型形象，用孩子自己的行为说明，哪些是好的，哪些可以受到表扬，哪些做了之后老师会不高兴，同学会不高兴。总之，这些你都必须一遍遍地教给他们。他们不可能天生就优秀。在教室后面坐镇未必是好方法，可以试着给这些孩子一些事情去做。孩子们都有事情做了，都有序地动起来了，自然就不会乱。把他们一天的时间安排好，到什么时候做什么事。不要什么事都抓在自己手上，分一点给孩子们去做，他们会很乐意的。你要指导他们而不是包办代替。他们做得不好，你要指出哪里不好，该怎么改进，让学生的能力慢慢提高。农民工子女回家后无人照看，这个也可以想一些方法，把孩子们适当组织起来，成立一些互助小组，轮流承担一些责任。这个要根据你们那里的具体情况看怎么操作。

其次，也是最重要的，教师要试着去喜欢学生。因为他们在你的班级里，如果你不喜欢，你天天面对着的，就是你的"敌人"或者令你头疼的捣乱分子，那么，对你们双方而言，校园生活都是痛苦的。如果你的态度改变了，心情自然会不同。喜欢他们，不是说你的境界有多高，多么有爱心，而是因你的职业要求决定的，你必须这样做。你是经过职业训练的，专门教育孩子的专业人士，和一般家长或社会其他人士完全不同。教育孩子本来就是你要做的事，不要嫌烦，除非你不做教师了。

这就是我的建议。相比任何策略而言，做教育，爱，永远是第一位的。

CHAPTER 第三章

师生关系不融洽

良好的师生关系是亲密无间的，正常的师生距离是若即若离的，而这一切都需要相互磨合、悉心经营。

老师与学生之间的沟通，也应该在一个相对平等、相互尊重的环境中进行。只有用心去沟通，才能真正地理解对方，才能让学生更愿意接近你、接纳你，愿意听从你的教育，与你合作，才能形成和谐的师生关系和班级氛围。

师生之间，要做到真正意义上的人格平等，教师要做到从内心里真正尊重学生，谈何容易！谁迈出了这一步，谁就是真正的"人师""仁师"！

案例8

处分学生，解气一时，愧疚一生

做了三十多年班主任，回想起来，印象最深的，还是第一届。

教了这么多学生，我最难以忘记的，是小龙。

学生报到的第一天，我就知道自己没好日子过了。那时学校的初中部收的学生基本是城乡接合部以及渔民的子弟，那时似乎有不少学生留级，而我，这个初出茅庐的班主任，收的留级生是老班主任们都不要的。

"太难管了。你很快就会明白的。"五十多岁的年级组长说，"软硬不吃，你就不要再动其他脑筋去感化他了。"当我向他了解留级生晓刚的时候，他这样告诉我。

还有那个小强，小学毕业后的暑假，去面粉厂偷楼梯上嵌的铜条卖钱，被公安部门处罚。

还有那个小龙，又黑又瘦的一个男孩子，能量大得惊人，纠集一帮人，扰乱纪律。

其他的学生，或是只管自己，或是害怕他们的嚣张气焰，缩在一边，不敢吭气。班干部很自觉地划清了和他们的界限，仅在他们的范围之外管理，井水不犯河水。

我发誓要把他们带好。

无知无畏的我，用自己的本能处理着班级的一切突发事件。历经三年的辗转与痛苦，学生终于毕业，还拿下了第一的成绩。

可是，对小龙，我愧疚一辈子。无论他是否怪我，也无论别人是否怪我。

小龙是个苦孩子，很小没了母亲，跟着父亲。

小龙的个子在班级里算是最小的，却能纠集晓强以外的男孩子来对抗晓强。当晓强做了一件坏事的时候，小龙他们必定会做一件更大的坏事，以此来向晓强挑衅。

他的头发根根直竖，我常常觉得他会在一秒钟之内暴跳起来。

在小龙的一次违纪行为后，德育主任要给他一个处分，记录进档案。小龙的父亲来找过我，木讷的他没有说什么，只是给我扛来了一袋新米。小龙也来了，垂头丧气的模样。我没有收下新米。小龙和父亲默默地离开了。

处分布告贴在校园里的墙上，我每次走过，心里都很矛盾。对于小龙，我已经黔驴技穷，什么方法都用过，可是没有丝毫的效果。然而，我承认，我的内心还是喜爱他的，他是个顽皮的男孩子，当他头发没有竖起来的时候，我和他说话，发现他还是很真诚的。

被处分后他安静了很多，德育主任觉得很高兴。毕业后他去了哪里，我不知道。

一晃五六年，我遇到了小龙的表姐。"小龙想当兵，体检通过了。他的父亲也觉得当兵也许更好一些。他现在很懂事了，到部队里最好能够学一门手艺，将来出来工作也好找。"我很高兴。想象着小龙穿军装的样子。

恰巧隔了几天我又碰到她。

"小龙的政审没有通过，他的档案里有一次处分的记录。兵当不成了。"她说。

没有人听到我脑袋里轰的一声。

他人生的一条路就这样被我堵死了。

我本可以为他争取一下，不要处分的。或者，处分后撤销，不记入档案。但是我什么也没做。我是不是有着一种自私的想法，想要杀一儆百呢？我不知道。我只是沉默着。他是个难以对付的学生，我一心想着要制服他，要给他个教训。

我是万万想不到他要当兵的。我当然也没有想到，他还有长长的人生路要走，而这个污点，将伴随他的一生。初中生小龙，还是个孩子。

三十多年来，我常常会回忆起这一届学生，回忆起小龙，无论他们是否还记得我。

（案例提供：于洁）

陈宇建议

处分是教育的新起点而不是终点

对严重违纪、"屡教不改"的学生动用行政纪律处分，是学校的管理手段之一，也是学校在其权力范围之内管教学生的最高规格的惩戒手段。我们不妨把处分比成对付学生的"核武器"。纪律处分之所以像核武器一样具有极大的震慑力和杀伤力，不仅在于它是大家熟知的对待犯严重错误的学生的手段，学生一旦被处分，即被列入"异类"，与正常的学生划清了界限，处分最厉害之处还在于它可以留在档案里让学生"带着走"，相关"案底"可能会伴随学生的一生。我就不止一次地听到老师这样对学生说："让你带着处分毕业，我看哪个单位以后会要你！"大有"打翻在地，还要踏上一只脚"，让你后悔一辈子之意，足见处分的分量。

老师和学校领导大多都明白这个道理，也知道处分是一把双刃剑，所以不会轻易处分一个学生，除非是到了忍无可忍的程度。从本案例的情节看，班主任和德育主任对小龙的处分决定没有什么问题，因为对小龙这样的学生，使用通常的教育、说服手段，已经毫无作用，用作者的话说，就是软的硬的都用过了，已经黔驴技穷。

不轻易处分，不是不能处分。问题的关键不是处分不处分，而是处分之后该怎么办。很多班主任对学生处分完了就算了，没有后续的教育转化工作，任其自生自灭。处分，本也是教育学生的手段之一，但是很多人把处分仅仅看成是一种惩戒的行动，却没有很好地发挥处分的教育功能，既给学生的心里蒙上了一层阴影，还加深了师生、家校之间的对立。

处分，不应该成为教育的终点而是一个新的教育起点，处分以及撤销处分的过程中也蕴藏着很多教育的机会。那么，如何将这一理念在实践中实施呢？

分析班主任处分学生的心理状态，大致可以分成四种。一是弹压，让学生有所敬畏，不再轻举妄动；二是解气，学生对班级管理造成了极大的麻烦，或者公然对抗老师，让班主任非常气愤，处分学生可以宣泄内心的情绪；三是矫正，试图通过处分让学生明白一些道理，比如什么是不能做的，以达到改变学生行为的目的；四是震慑，杀一儆百，遏制歪风邪气的蔓延。

案例中作者对小龙的态度是复杂的，这四种心理都有一些，还夹杂着其他一些情感，比如，"矛盾""于心不忍"。但是，为了达到控制其行为的效果，这些情感最终都没有促使班主任采取后续的行动，这实际上也是导致本案例最终成为失败案例的最主要的原因。

一、学生被处分后的心理变化阶段

一般而言，学生被处分前后的心理变化有这样几个阶段：

1. 得知自己可能会被处分，恐惧、不敢接受

学生会尽一切努力试图挽回局面，包括"态度端正""认识深刻""表现良好"，家长往往也卷入其中，向老师求情，甚至动用各种关系做疏通工作。此时他想的最多的是如何逃避处罚或减轻处罚等级，而不是对自己的错误有清楚的认识。

2. 确认处分已经不可避免后，后悔难过

学生在确认处分已经不可避免之后，会自认倒霉，会产生一种不平衡的心理，可能会觉得是老师在"整他"，也有走向另一个极端的，就是激烈地反抗、厌学、离家出走，甚至对教师产生报复心理。

3. 处分宣布后，学生的心理负担较重

处分宣布后，处分的效应开始显现，学生的心理负担较重，觉得自己很丢人，在同学面前抬不起头来，情绪低落消沉。也有装成"若无其事"

来掩盖真实心态的，该吃就吃，该玩就玩。对于后者，班主任往往会误以为学生满不在乎，态度不好。其实，真正的原因需要仔细观察分析。处分宣布初期学生的行为会有所收敛、改善，但随着时间的延长，处分的震慑效应下降，表现还会出现反复。

4. 处分结束一段时间后，学生的表现出现分化

处分结束一段时间后，学生的表现会出现分化，但是有一点是共同的，那就是如果没有进一步的教育措施，处分对学生的心理带来的冲击和震撼会逐渐消退。

由以上分析可知，因处分学生而给教育带来的新问题和挑战确实不少，需要班主任和相关教育工作者认真思考。了解学生被处分时的心态和心理变化，有助于我们采取更有针对性的行动。

二、处分中的教育机会

在以上的四个阶段中，每一个阶段都有与之对应的一些教育措施，如果善加利用，就可以很好地发挥处分的教育作用。我们结合本案例做一点分析与引申。

1. 第一次教育机会——处分前

当小龙和他父亲得知要被处分后，处分实际上已经产生了震慑作用，小龙垂头丧气的模样，他的父亲更是想用一袋新米向班主任求情，想让自己的儿子能逃过这一劫。说明他们都很重视这件事。对于处分的厉害之处，家长往往比学生更清楚，因为家长是过来人。初中生也已经开始有些明白"留案底"的麻烦了。所以，我们看到了上述父子俩服软的场景。

班主任断然拒绝了那袋新米，一同被拒之门外的，还有小龙和他父亲的哀求。可能是班主任已经绝望了，也可能是怕一松口就前功尽弃，所以，班主任以冷漠的外表包裹了内心的复杂情感，而学生和家长是完全看不出来的，所以，他们默然离开了。在这个阶段里没有教育的痕迹。

2. 第二次教育机会——处分后

小龙被处分之后，似乎一夜间长大，他"安静了许多"。无论他心里服不服，至少行为上是改善了。而且，从本质上看，小龙不是个坏孩子，甚至有些可爱。从小龙后期的表现一直到毕业后好几年的表现来看，都是如此。这充分说明了，小龙不是软硬不吃的，他还是有"怕"的。如果一个学生还能在乎学校的纪律处分，则可以证明他完全是有改好的可能性的。

处分小龙之后的跟进教育至关重要，班主任要继续做工作让小龙明白一些道理，要给小龙这样的感觉：班主任并没有放弃他，而是在和他一起努力消除处分带来的恶劣影响。小龙在没有老师的帮助下，尚且行为收敛了很多，如果班主任此时主动出击呢？班主任以为过去对小龙的帮助没有效果，所以，这次也同样不会有效果，就是思维定式在作怪。其实，班主任没有意识到，过去的教育和现在的教育完全不同，所以，不一定没有效果。相反，这时候已出现了一个帮助学生的最佳时间点，就是小龙在被处分后表现出了改过的迹象。处分之后老师的关心是雪中送炭。教师如果能抓住这个机会，不仅能加强和小龙的交流，同时也能帮助他制订一个自我整改的计划，会对小龙有着更大的帮助，那么这个案例就很可能"反败为胜"了。

"处分——撤销处分——撤销处分并且档案中不留'案底'"，对小龙的教育如果能始终以这条线为抓手，或许效果会好很多。

一般来说，学校对一个被处分的学生的考察期是一年，在一年之内如果表现良好，没有继续出现严重违纪行为，应该是可以撤销处分的。特别是对处在义务教育阶段的学生而言，只要有一线转机，一般是不会轻易把处分留在档案中的。对于这点，学生不一定很清楚，而作为教师，应该是清楚的。那么，撤销处分，甚至在表现很好的情况下，缩短撤销处分的考察期，最后在档案中把处分的痕迹消灭掉，可以看作是对问题学生的"最高奖赏"，这种关怀，比对优秀学生的表彰更有积极意义，对人的心灵触动也更大。

3. 第三次教育机会——毕业前

教师即使没有实施上述措施，如果小龙在处分后的时间里表现尚可，那么班主任也还是可以努力一下，帮助小龙申请在毕业前夕撤销处分并且不留案底。这样会让小龙带着感激离开学校。且不谈此举对他以后会产生有利的影响，仅仅从对学生的关怀角度来看，也有非常积极的意义。

处分，不是教育的目的，教育过程中虽有惩戒，但最终还是要落到如何"发展人"上来。

所有教育的措施必须对学生的终身成长负责，这是本案例带给读者最大的思考。

案例 9

我把"幽默"建立在学生的痛苦之上

写周记是我和学生交流的方式之一，一直坚持了很多年。虽然现在网络发达，师生交流沟通的手段多元化，但是这个传统始终没有丢弃。我认为写周记、批阅周记非常有意义，学生总有一些话不便当面说出口，需要有一个通道让他们说出自己想说的话。班主任精力有限，不可能每周都和所有的同学谈一次话，通过周记这种笔谈的方式，每周至少可以保证和每一个学生交流一次。利用周记我和许多学生拉近了关系，成了无话不谈的好朋友。

我布置周记有时候给一个主题，也有时候不限定内容，学生想写什么就写什么。关于周记我还有两个习惯，因为和这个案例关系密切，在此也需要特别说一下。一个是我会从每一次的周记中挑选出我认为比较精彩的，评为本周最佳周记；另一个是我有时会在班会课上朗读、点评几篇周记。

这种形式很受学生欢迎，每次到了点评周记的时间，同学们都很兴奋，期待着听到精彩的内容。不过我有三个原则，一是凡周记涉及学生的隐私，绝不公开点评；二是一般情况下我会征求作者的意见，对方同意，我才会读；三是不公布周记作者的姓名。

这些规则看上去很完美，但事情总有例外的时候。开学两个月后，有一周的周记是无主题的，学生写得五花八门。因为周记不是作文，不评分，所以质量差别很大。有的周记文采飞扬，十分精彩，也有的不仅字数少，而且内容枯燥，读起来味同嚼蜡。那一次周记普遍都很平淡，几乎没有好作品，读着读着，我终于看到了一篇令我啼笑皆非的周记：

期中考试过后，我们学校组织我们一起去珍珠泉秋。（"游"

字漏写了）虽然一开始我们都讨厌去那里，原因是我们以前去过好多次了。（此句不通，原文如此）

到了那里，我们先去看狮虎表演，看了一会儿，我们就闻到了狮虎的味道。（？）当时我还在吃东西，然后我就吃不下去了，和同学们聊天。门口处来了另一所学校的人，仔细一看是某某中学的学生。看完狮虎表演之后，我们去游乐场，看到那些项目，我想到处玩一下，看了下价格，我就都不想玩了。后来我看到了我的初中同学，于是，我们便和他聊了一会儿天。

下午我们几个一起租了几辆自行车去骑，骑到一个地方，突然一辆车的链子掉了，于是，我们一起去修车，过了一会儿，车终于修好。不一会儿，我们的车又坏了，于是，我们又去修车。

最后，我们在门口集合。

难以想象，这篇语句不通，毫无文采，如流水账一般的周记，会出自一名高中实验班的学生之手！而且写作者的态度明显有问题，字迹潦草，难以辨认。读完后，我又好气又好笑，实在忍不住，写了一句批语："这篇周记大有一年级小学生作文的风采！"

周五的班会课，正好有点空闲时间，我就拿来点评周记。点评的周记是事先选好的，读的效果也不错。但是，当我读完之后还没有下课，最后几分钟干点什么呢？我一瞄讲台上的周记本，想起以前经常会读一些搞笑的周记，干脆再把那篇"一年级小学生作文"念一下。于是我翻出他的周记开始读起来。因为是临时起意，我没按原则征求那位同学的意见。我平时习惯了和同学开玩笑，心想就是开个玩笑而已,也没恶意,应该问题不大。

我的口才很好,读的时候语调很有意思,效果很好,一篇看上去不太好笑的短文被我演绎得笑料频出,底下的同学听得笑倒一片,我也和孩子们一起哈哈大笑,根本没人留意教室一角那个学生的落寞。

周记读完正好下课,在一片欢笑声中班会课结束了。写那篇周记的同学,是个性格内向的孩子,平时话不多,学习成绩比较差,和我交流得也很少。他几乎从不主动和我说话。但是,那天他居然破天荒地主动和我说了一句话,是问我这一周的周记有没有主题,当时已经放学了,我随口告诉他,没有主题,随便写。他说好,道了一声老师再见后就离开了。

新一周的周记交上来了,我每周的第一件事就是看周记、改周记。当我翻看到他的周记时,我觉得有点异常。因为他的字写得向来不好,但是,那一次的周记却一笔一画写得非常工整,而且字数很多,条理清晰,和之前的周记判若两人。再看内容,我更是吃了一惊,整篇周记几乎都是在"声讨"我。自打我让学生写周记以来,这是绝无仅有的——也有学生给我提意见,这也是我对周记的要求之一,但通篇声讨班主任的还真没有见过。其中,他重点谈到了我读他周记的事:

> 我认为读周记是不对的,即使再差也不至于读出来。而且我认为班主任即使读出来,也只需读出大概的意思。即使你不报出名字,同学下课后一定会找出周记的作者。

我这才意识到我的"幽默"对他造成了伤害。我本来是想活跃一下课堂气氛，却把这种快乐建立在对他写作水平低下的嘲讽上，我联想到对他周记的评语，这种感受就更深了。我仔细地回忆、反思，发现过去我也有过类似的情况，因为读一些搞笑的周记一直是我上班会课的花絮之一，但是以前为什么没有出现过这种情况？我再反思，那些曾经被我读到周记的孩子为什么很坦然淡定的样子，甚至和大家一起笑？对孩子的个性缺乏了解不是借口，因为我知道他的性格内向，以我这么多年带班的经验，我应该能预料到他的周记被读后，和其他那些大大咧咧的孩子表现会不一样。我怎么就没有想到征求一下他本人的意见？想来还是自己过于自大，自认为能很好地掌控和学生的关系和局面。

对学生缺乏足够的关注和尊重，是最大的原因。我这个平时总把对学生的爱挂在嘴边的老师做出这种事，真的让我自己也失望了。

这篇周记对我触动很大，像一面镜子，照出了我工作中的毛病。当局者迷旁观者清，班主任的工作真的不能完全凭自我感觉，需要经常照镜子。这面镜子，就是来自学生和家长的真实评价。

无心之失，给一个无辜的孩子带来了心灵的伤害。虽然后来我采取了一系列的补救措施，这个学生也很快和我冰释前嫌，但是，这件事情依然带给我无尽的启示。

（案例提供：陈宇）

于洁建议

教育无小事

我经常用如履薄冰来形容做班主任的感受,任何大意都来不得。这是常在河边走却不湿鞋的最重要的保证。

一、关于师生关系

良好的师生关系需要师生间相互磨合、悉心经营。很多老师都喜欢和学生开玩笑,幽默,虽然是师生关系的润滑剂,但也要注意使用的场合和对象,绝不能因为要让大多数人高兴就牺牲少数人哪怕是一个人的自尊。案例中的班主任过去用读周记的方式和学生开玩笑没出问题,应该是因为学生比较大度而不是说该班主任做得对。只要班主任没有明白问题的本质,出问题是迟早的事。事情看似不大,但是反映了班主任在工作态度上的问题。

二、关于学生的个性差异

遇到案例中的情况,大部分学生是不会和班主任计较的,顶多在心里有些不爽。有很多学生从上幼儿园开始就承受老师的各种批评、指责甚至冷嘲热讽，一路走来，心理承受能力已十分强大。有很多班主任，尤其是教龄较长所谓见多识广的老班主任，渐渐就忘记了自己面对的是心思细腻敏感的孩子，觉得他们在自己强大的气场前是不敢反抗的，于是说话肆无忌惮，甚至有很多话说得极其难听，全然不顾学生内心的感觉。殊不知自己不知道什么时候已经在学生的心里埋下了怨恨的种子。

如果去调查学生为何喜欢某位老师，答案也许五花八门，但是共同的部分一定是这个老师很尊重自己，不会随意地伤害自己。

案例中的这个男生是很有想法的人。他的做法是可取的。

首先，他没有当场发作，当班主任忘乎所以陶醉在自己的幽默中时，当全班同学被班主任引得哈哈大笑时，他选择了沉默。

其次，他没有在沉默中爆发，也没有在沉默中死亡。他选择了有理有据地申诉。

在周记中，他表达了内心的真实情感，把自己对班主任的看法和对班级管理的想法和盘托出，令班主任大吃一惊，也让班主任对自己一向得意的所谓幽默进行了深刻的反思。这个学生的出现，让班主任的教育思想得到了及时的更正，假如今后这个班主任在带班方面有所进步，那么这个学生的直言功不可没。

再次，当班主任真诚地向他道歉时，这个学生很快就和班主任握手言欢，这是难能可贵的，学生的心胸气度，有时候比成年人更加宽广。

三、关于老班主任

老班主任丰富的带班阅历使其管理班级时游刃有余。但凡事都有两面性,经验丰富也是一把双刃剑。

老班主任们遇到事情后凭着老经验,三下五除二,按照自己的想法去做,经常没有很好地考虑到学生的感受。很多老班主任觉得案例中的情况是小事一桩,不需要太小心谨慎,还有的老班主任觉得自己掌控能力强,就算出了什么小问题自己也能解决。就这样在不知不觉中伤了学生的心。

如果学生们不像案例中的那个学生一样为自己申诉,那么老班主任们根本意识不到自己的言行举止有何不妥。

学生的心,是玻璃做的,破碎了就很难再愈合。

要感谢案例中的那个学生,给所有的班主任们敲了警钟:教育无小事,永远不要自以为是,教育是大事,永远要谨言慎行。

案例 10

我拿这个早熟的男生没办法

他是一个转学生,我第一次见到他是在开学报到的时候。我本以为他会早早来报到,结果他却是最后一个到的。他清秀的脸庞上架着一副黑框眼镜，留着偶像派明星的发型，穿着米黄色的格子衬衫，中等个子。我心想：长得倒是不赖，还挺养眼的！只可惜，嘴里嚼着口香糖，站得也歪歪扭扭，整个人缺乏了一种阳光向上的正气感。我毫不犹豫地直接说道："你来啦！去把口香糖处理掉再进来。"他应声道："好。"

以上就是我和他第一次见面时的情景。

紧接着，我就听到各种传闻："那个王某在原来学校超'牛'的""因为之前被人打了才转来的""他的行为习惯很不好，而且认识很多社会上的人"。总之，关于他的消息满天飞。

第三周开始，他就有些按捺不住，老毛病复发了。上课时有转头、说闲话等开小差的举动。更可恶的是，因为他拿到数学练习册比较晚，所以答案就没能在开学时统一撕掉。他没有主动撕掉答案上交，将自己有答案的事告知了一部分同学，和同学们一起分享抄答案的快乐！

与抄作业事件交织在一起的还有课间打闹事件。部分同学向我反映，现在每节课课间，总有那么固定的四五个女生围到他桌边，然后一起大声喧哗打闹，严重影响了同学们的休息与学习，后来，他与个别同学发展到做眼保健操时也要打闹。

部分同学还反映，比如老师课上说到一个什么词语或者画了一个什么图形，他都要往某些"成人"方向去想，并且窃窃私语进而发出笑声，着实影响了课堂。

我找了相关的女生谈话，发现在她们眼里他是很不错的：成绩好（虽然学习不认真，但成绩中等），书法好（篆书、隶书全都拿手，还会篆刻），唱歌好听（会唱各种当下流行歌曲，而且唱得很好听），体育好，脾气好（开得起玩笑，对同学有义气，大度），动手能力强，等等。总之各方面都不错，是个聪明的孩子！这些女生就这样被他深深地吸引了！这小子男生缘也好，现在已和班里同学打成一片了！

他真是太有影响力和号召力了！

平日里我对他都挺好的，以表扬和鼓励为主，也找些事让他做做，他倒也乐意，而且做得非常好。开学后的第二篇周记，他写了整整一页纸，我在他的字里行间读到了一份温馨与感动，而且我还发现他是一个心思细腻的人。原来这小子一直在偷偷地观察我！

开校运会的前一晚，大概八点半的时候，我接到一个短信，很意外地发现是他发的。这是他第一次给我发短信，之前我并不知道他的号码。后来我俩通了个电话，我才知道原来他当晚约了班上另外三人九点钟到市体育场去练习。

他主动告诉我他和班里的一位女生好上了。至于是哪位女生，他让我猜，还主动给我提示，结果我说第二个名字时他就默认了！还大言不惭地和我说："老师，你千万要保密呀！"

我一时间不知所措……

（注：该生父母家境十分优越，家庭氛围比较民主、宽松。）

（案例提供：谢英）

于洁建议

用欣赏的眼光看待每一个学生

这是一个年轻的女教师和班级里有些"另类"的男生打交道的故事。该男生的个性与班主任的个性差异很大，导致了师生间有很多不和谐的现象。

我们从头开始分析。

开学第一天，他选择了最后一个到达教室，我想是有他的想法的。一般情况下，学生这样做有两种可能：第一种情况是他本人的自我感觉很好，觉得自己长得挺不错，这样最后一个到达教室，是可以吸引所有人的注意力的。第二种情况，是到了一个新的环境，他还是有点紧张。如果早早到达新的班级，那么势必要和新的老师、同学交流，那样会有点尴尬，再潇洒的人第一次到一个陌生环境中都会有拘束感。

他是属于哪一种情况？他嘴里的口香糖暴露了他的内心。嚼口香糖既让他看上去与众不同，又能够缓解他的紧张感。这是个一举两得的好办法。看得出，这个男孩子确实很聪明。

紧接着，关于该生的各种传闻八卦传入教师的耳中，基本是对他不利的，但我的感觉却有些不同。现在有很多孩子少了一点自由和灵性，成了圈养的"三黄鸡"，而这位王同学却很难得的是一个"跑山鸡"。他的特别之处体现在他很有魅力的外形，体现在他有那么多的兴趣爱好，体现在他不偷偷摸摸地恋爱。也许更特别的是他很聪明，不用功也能考得不错。他超越了我们平时接触到的所谓的差生，他是个全才。

他的内心还是希望能够早早融入这个集体，所以不穿校服他自己也觉得别扭，他也能够感受到班主任对他的好，内心深处，他也希望自己能够给新的老师留下好印象。诸如上课讲闲话、开小差等，都很正常。至于在学习上耍点小聪明，这个也很好理解，老师认为分享答案是错误的，但是学生本人和其他学生不一定这样觉得，何况他还急于融入这个班级。说白了，抄作业这个事情在老师眼里属于自甘堕落，属于做事没有原则，属于对自己不负责任，可是我们都是从学生时代过来的，我们自己在抄作业的时候也是没有多少负罪感的。

关于部分同学向老师反映总有几个女生在课间围到他桌边一起大声喧哗打闹，影响同学们的休息与学习这件事，我也有一些想法。王某属于很有个性的学生，他要么被人非常欣赏，要么被人非常厌恶。比如几个固定的女生围在他的身边，那是因为他的存在激发了这些女生内心的"小宇宙"，她们被他吸引；而一定有另外一些女生对他表示厌恶。总之，他很享受这种被他人包围的感觉。

这个孩子最大的与众不同之处，就是一个字："敢"。"比如老师课上说到一个什么词语或者画了一个什么图形，他都要往某些'成人'方向去想，并且窃窃私语进而发出笑声。"显然，在老师和一些同学眼中，他就是一个"教唆犯"，但我们仔细想想，到了初中，一点不开窍，什么都不懂的学生还有多少？大多数人只是在心里想，嘴上不表露出来而已。但是他却无拘无束，因为他的内心与行为是统一的，不像有些学生，心里想的和嘴里说的或者做的不一样，这点可能也与他从小接受的家庭教育和家庭氛围有关。所以，他属于一个比较率真的学生，这也是他后来为何会自己主动地告诉老师他在谈恋爱的原因所在。

他为什么会受到女生的欢迎？除了外形条件，他内在的优点也很多：成绩好、书法好、唱歌好、体育好、脾气好、动手能力强、脑子灵活，而且他的品质（比如耍酷、坚强）正好与很多男生致命的弱点（要么迂腐，不解风情，要么唯唯诺诺）形成鲜明对比。

所以，老师眼中的他和学生眼中的他是不一样的，老师更多地关注他的学习和行为习惯，学生更多关注他学习之外的东西。老师如果换位思考，试想自己是像学生那样的花季少女，会不会也喜欢这样的男孩呢？这样思考，老师就不难理解学生的那些行为了。

看得出，他还是个很善良的人，也很关心集体（为运动会积极做准备），只是缺少约束而已。他活得很真实，很自我，这样的孩子，班主任可以通过给他确定一个较高的奋斗目标，让他能够不那么轻松，稍微有点压力，忙起来，动起来，也许就不会这样无事可干、闲得发慌了。

既然他写了一篇关于老师的文章，那么我建议老师也给他写一封信，在信中表扬他的一些优点，并且自然地提出来要他做一些事情，要他能够在学习上提高到第几名。

他的家庭氛围比较民主，可以想象他在家里与父母也是平等的关系，所以无意中，他把一直很善待他的老师也当成家里人了，才会这样无拘无束，甚至把自己很私密的东西也告诉老师。他已经开始恋爱了，那么，老师要注意的是：

1.鸳鸯是越棒打越不会散的，所以硬要拆散他们反而会让他们更想要在一起。

2.可以和他民主平等地谈一下爱情，告诉他如果这个事情处理得好，比如，不在同学中造成坏影响，双方成绩不下降，能够保持一种很美好的互相爱慕而不是落入很庸俗的被家长和学校都不能接受的所谓"早恋"，那么是可以得到老师的尊重的。

3.找到其中更容易被说服的一方，让他担任班级一些工作，让他忙起来，便没有时间和心情恋爱了，那么这段感情也就自动消亡了。

以上建议，仅供老师参考。

案例 11

家长在学校被气得心脏病复发

2010年9月，学校安排我接九年级（1）班的班主任。这个班的学生个性非常鲜明，尤其是男生个个不一般，性格倔强的特别多，这可能是与初一初二时班主任对学生管理比较宽松有关，学生个性比较张扬。

那天，我校举办了一年一度的秋季运动会。由于以前班级的体育成绩不太理想，本次运动会前我在班上做了大量的工作，体育班长袁某也为班级立下了汗马功劳，因此我班运动会成绩比去年有了很大的提高。但是运动会结束后，意想不到的事发生了。

运动会结束的时间大约是下午4点30分，距离放学还有半个小时的时间，学校要求在班里上自习。我心想正好可以利用这次运动会成绩有所突破的机会，对学生进行集体主义教育，推动班级工作的全面发展。总结结束后距离放学还有十多分钟，我就让体育班长袁某到体育器材室去送运动会班牌，在这期间，我有点事回了趟办公室。当我再次回到教室的时候，班里一片沸腾，学生已经背好了书包，准备回家。这时我气不打一处来，开始调查是谁胡乱发号施令让学生放学的。

由于进班时，一名学习成绩优秀的男生在讲台前指手画脚，我便把他从教室里叫出来，从他那里入手调查。经过询问，得知是体育班长袁某回来说老师通知放学了。我朝窗外看了看，校门口的确有初一的学生，但没有一个是初三的学生，这时我就在班上问是谁通知放学的，可体育班长就是不回答，并且坐在那里一副毫不在乎的样子。为了给他留点面子（毕竟这次运动会他出了不少的力），放学后，我才将他和那位成绩优秀的男生一起叫到了办公室。

我让他们站在那里反思一会儿，思考一下为什么我叫他们到办公室来，想明白再过来和我说。大约过了两分钟，那位成绩优秀的男生就过来承认了错误，然后我就让他回家了。体育班长一直站在那里一言不发，还一副盛气凌人、满不在乎的模样。原本以为那位成绩优秀的男生已经给他做了榜样，想给他一个机会让他下来台就算了，可是他却无动于衷，始终一言不发，气得我气不打一处来。这时我心里想："如果今天我制不服你，以后还怎么管你！"我跟他说："如果你不跟老师说，我就把你的家长叫来，你跟你的家长说。"又等了一会儿，事情还没有进展，我只好打电话把他的家长请到了学校。家长来时，办公室里正好还有一名班主任（这位班主任是从七年级带班到现在的）。只见家长和他打了一声招呼，我心里暗暗有一点不妙的感觉，原来他的家长是办公室里的常客了，只是我还不知道罢了。袁某的母亲来时，身上还有涂料，原来是家里正装修房子。这时我像推皮球一样，把他交给了他母亲。到了母亲跟前，他一个劲地嘟囔："运动会上，我为班级做了那么多的贡献！不就是早放了一会儿学吗？值得这样大惊小怪的吗？再说这又不是第一次了！"见他就是不承认自己的过错，我觉得他无药可救了，便对他母亲说了句："既然他觉得自己没有犯错误，你就把他领回家吧，他什么时候想通了，你再把他送来。"

他母亲听到我说这话的时候，情绪非常激动，用手捂着胸口大口喘气，袁某赶快给妈妈捋了捋胸口，然后拉着母亲就走："走就走，我不上了。"他母亲用一只手指着他说："你今天非得把你妈气死不可，什么时候能改改你的犟脾气！"一边说一边流出了眼泪，我赶快将她搀扶着坐在椅子上。这时袁某见到妈妈被自己气得心脏病复发了，一下子跪在我的面前，哭着说："老师，我错了，我答应过妈妈不再让她生气的。我原以为这次为班级做了那么多的贡献，你不会再追究这点小事的，没想到你与以前的班主任不同，对我要求那么严格，是我……"我赶快将他扶起，对他说："如果你早跟老师说这话不就好了吗，还会发生现在的事情吗？刚才也是老师一时冲动，不该对你说出那样的话，你能原谅老师吗？"他微微地点了点头，我安排他在我和她母亲跟前坐了下来。这时他妈妈的情绪也渐渐平静了下来："老师可别这么说，都是我平时对孩子教育不严，孩子太任性，才发生了今天的事情。"

请学生母亲来的目的不就是将事情处理好吗？为什么还没有跟家长说上一句话，就要让家长领着孩子回家？这是做班主任的大忌，我也感到自己这事做得太鲁莽了，连忙向他母亲道歉，气氛一下子缓和了不少。看到袁某刚才对妈妈那么好，我及时表扬了他有孝心，他不好意思地低下了头。在一片祥和的气氛中，我们进行了交谈，事情得到了圆满的处理。

我在之后与他的谈话中得知，那天事情发生转机，完全是由于袁某对母亲的一片孝心，他看到妈妈被自己气得心脏病复发了，再仔细想想事情的前因后果，终于低下了高贵的头，承认了错误。

我有些困惑了，他的转变到底是因为我的教育还是他妈妈生病呢？

（案例提供：秦桂海）

陈宇建议

什么是真正的尊重

我看到案例的前半部分时，觉得挺压抑的，后来看到作者自己的反思，便释然了。人非圣贤，孰能无过，有反思才能不断进步。尽管作者已经进行了反思，我还是就文章中的几句关键的话再点评几句，算是对反思的再反思，从一个旁观者的角度再次解读此案例。

一、对反思的再反思

在这期间，我有点事回了趟办公室。当我再次回到教室的时候，班里一片沸腾，学生已经背好了书包，准备回家。这时我气不打一处来，开始调查是谁胡乱发号施令让学生放学的。

关于放学，班级有无明确的规定？如果没有规定，班主任不在时，体育班长的指挥也没错，班主任为何要生气呢？班主任生气的原因不外乎是学生擅自做主，且违反了学校的规定。但是，如果换一个思路，班主任改生气为表扬呢？在对学生进行表扬之后，指点他今后遇到这种情况怎样处理即可。这个干部的能力很强，只要稍加点拨、指导，发挥他的长处，他以后将是一个得力的助手！可惜，这么好的一个机会就这么错过了！班主任为什么要把所有的事都抓在手上呢？如果这个班级哪一天离开了班主任，岂不是天下大乱？这场风波的起因就有问题，班主任应该从这里开始反思。出现这件事后，班主任如果觉得需要规范管理，那么应该就放学的管理制定一个简单的规则，无论班主任在与不在，按规定执行即可。体育班长完全可以把这个责任负起来，他是有这个能力的。要充分发挥学生的能力，人尽其才，同时也可以减轻班主任的负担。

我让他们站在那里反思一会儿，思考一下为什么我叫他们到办公室来，想明白再过来和我说。大约过了两分钟，那位成绩优秀的男生就过来承认了错误，然后我就让他回家了。

班主任的想法很简单——你承认错误我就放你走。学生知道了班主任的这个特点，为了减少麻烦，不管心中有何想法，服气不服气，"承认错误"即可早点脱身。试想一下，这是培养了什么样的人？培养"奴才"吗？班主任不需要学生有自己的想法，只要和我一致就是对的，"顺我者昌逆我者亡"。这个做法不好，我们的教育经常让学生学会了狡猾、圆滑，对整个社会的发展都有不良的影响。我们要鼓励学生说出自己真实的想法，而不是一味地屈从。

如果你不跟老师说，我就把你的家长叫来，你跟你的家长说。

这是班主任最常用的撒手锏，遗憾的是，方法并不好，尽量少用。这个案例中学生的行为还没有达到要请家长的地步，班主任应尽可能地自己解决问题。不到万不得已，不要轻易动用家长这个武器。更何况，案例中教师请家长的原因是因为班主任说话学生不听，因为学生有自己的想法。教师把家长当成救兵，迫使学生认错，让学生在孝心驱使下认错，万万不可！

如果你早跟老师说这话不就好了吗，还会发生现在的事情吗？刚才也是老师一时冲动，不该对你说出那样的话，你能原谅老师吗？

教师向学生认错是需要勇气的。因为教师和学生地位上的差别以及出于维护自身权威的角度，教师很难在学生面前放下身段，即使认错道歉，也不真诚。从以上的叙述中我们看出，班主任是学生先认错之后，才向学生道歉，说明他依然不能放下自己的面子，而有意无意间，把所有的责任都推到了学生身上。向学生认错确实是很艰难，但却是一个优秀班主任应具备的素质和人格魅力。如果发现了自己在工作中有失误，可不必等学生道歉，自己先行一步。身教重于言教，为学生做一个很好的示范。我要毫不客气地指出，案例中教师的道歉依然是居高临下的，不够真诚。希望作者还要反思。

他看到妈妈被自己气得心脏病复发了，再仔细想想事情的前因后果，终于低下了高贵的头，承认了错误。

我依然不能明白袁某错在何处。班主任不在，体育班长宣布放学，过去就是这样的，"这又不是第一次了"。因为母亲心脏病复发，学生出于孝心而违心地承认错误，这是教育的失败。作者的反思已经很多，但是，仍然不够深入，这样的理念如果不改变，以后还是会出现类似的情况。学生低下了"高贵的头"，是班主任彻底的失败！如此教育，令人胆战心惊。如果那天袁某的妈妈没有发病，此事又该如何解决呢？如果袁某的妈妈发病出事了呢？那就酿成大祸了！我看不出来班主任在此前的教育措施中有哪一点是得当的，即使到了最后，问题看似"圆满解决"了，我的心情依然沉重——我认为问题没有解决，因为班主任的很多想法和做法都是有问题的。

二、结语

本案例值得反思的地方太多。作者切不可以为已经反思过了，就沾沾自喜，还有一种莫名的优越感。反思必须是深入的，不仅是从策略、技巧上的反思，更应该从教育思想、理念上进行反思。因为很多事情，说白了，不是方法问题，而是教育工作者的思想立足点问题。班主任和学生谈话，贵在真诚、交心，温柔是爱，强硬也是爱，鼓励是爱，骂一骂还是爱，只要和学生的关系默契了，谈话的技巧是第二位的。如果师生双方没有真诚，即使谈话再注意策略，仍然透着虚假。所以，班主任最需要解决的，是和学生的关系问题，而建立良好的师生关系，最重要的就是真诚。如果要我用一句话点评本案例，我要说：师生之间，要做到真正意义上的人格平等，教师要做到从内心真正尊重学生，谁迈出了这一步，谁就是真正的"人师""仁师"！

CHAPTER

第四章

家校关系难和谐

班主任的工作对象是学生，但是学生背后有家长，班主任的工作如果得不到家长的支持，是很难开展下去的。你如果不能改变家长，你只能改变自己。

普天之下的家长都有三个共同点。

第一，或多或少都有"护短"的心理，只是程度和表达方式不太一样罢了。这是人之常情，可以理解。

第二，所有的家长都想让孩子在学校接受好的教育，希望老师对他的小孩好。

第三，家长都不会主动与学校发生冲突，除非是有迫不得已的原因。这个迫不得已的原因，常常是他们觉得自己的孩子受了委屈。但是，在关键时刻，他们还是知道分寸的。

案例 12

我竭尽全力，她还是辍学了

当这个女孩第 N 次站在我面前的时候，看着那倔强的眼神，决绝的表情，还有整理得整整齐齐的物品，任何挽留的语言都显得很苍白。

难道就这样一点办法也没有了吗？难道她真的要就此辍学吗？

她是本学期才来的插班生。她老家是苏北的，父母多年前来到本地，孩子就留在了老家由爷爷奶奶照顾。如今父母已经在这里安顿下来，而爷爷奶奶年事渐高，所以就决定把孩子带过来上学。孩子从小和爷爷奶奶一起生活，自然与父母不是很亲，本不愿意来，但又没有办法。来到这里后，一时很难落实学校，经朋友介绍，就来到了这里。她来了以后，就不太爱说话，给我的感觉过于文静——班里的孩子经常一下课就作"鸟兽散"，喜欢在外面打打闹闹，活像孙大圣手下的一群小猢狲，一刻都不能消停；而她却可以整天地坐着，不声不响。我有时和她说让她和同学一起到外面走走，不要整天闷着，她答应了，但之后还是这样；渐渐地我见她也有了朋友，有时也会手拉手有说有笑，我以为慢慢地她就适应了。

可是有一次周日返校，已经到了班级集中的时间了，却还是没有看见她的身影，我以为她家里有事，打电话和她母亲联系，她母亲说她很早就出来了。这可把我和她母亲吓了一跳，人生地不熟的，这孩子，会到哪里去了呢？她的母亲急忙去寻找。我一边上着晚自习，一边心里很忐忑，总算等来了她妈妈的电话，说孩子找到了，在一家超市里闲逛，只是因为不想读书了，实在读不下去了。她妈妈同时透露，孩子不想上学的念头已经出现好多次了，因为父母坚决不同意才没有辍学；这次没有想到居然连学校都不想来了，还好没有走远。

她母亲第二天把她送来的时候，我和她说了很多，她也答应会坚持好好学习。其实我也知道在学习上她确实存在很大的困难：本身基础不好，老家和这里的教学进度又不衔接。她每天坐在教室里，除了语文，其他功课什么都听不懂，感觉自己像个傻子一样，很痛苦！我很担心她还是不能坚持。

果然一段时间后，她又不想来了，我对她又进行教育，她也同意坚持上学；我也拜托数学老师和英语老师多辅导她，但她的功课实在是缺得太多，一时很难跟上！故而当学习的困难再次出现的时候，她又丧失了信心。如此反反复复，这之间我不知道费了多少口舌。

当她再一次站在我面前时，我突然觉得自己那么无能，该说的都说了，在这个女孩的学习困难面前，所有的说教都是那么苍白。当我再一次重复曾经说过的话时，自己都觉得是那样没有底气。看着她母亲痛苦的表情，我觉得自己太渺小。

看着她和她妈妈拖着沉重的行李，慢慢地走出我的视线，我在心底不断地问自己：就这样结束了吗？就这样一点办法都没有了吗？

回到家，心里还是觉得沉甸甸的。这个女孩的事压在我的心头，很难排遣。在经历了几近难眠的一夜之后，我终于决定明天去女孩家，做最后的努力。

第二天一早，我就和她妈妈联系。她妈妈在电话中显得很无奈，说："老师没用的，她已经铁了心了，你不用再费力气了，已经够麻烦你，够不好意思的了。"我说："没关系的，我想再试一试，这毕竟是孩子一生的大事，我们做家长和老师的一定要负责。"

她家真远！转了一次车，颠簸了一个多小时，才来到她妈妈指定的地点。一下公交车，她妈妈已经出来迎了。坐上她妈妈的电瓶车，一路来到了她家。她在家，不好意思地和我打招呼。她爸爸也在，看得出他不善言语，也许为了表达对老师的敬意，他泡茶、拿水果，忙前忙后，倒把我搞得很不好意思了。

坐下来后，我们慢慢地聊着，其实也就是那些曾经说过的话，只是在这样的一个环境里似乎变得更入耳了……

终于，她背起了书包；终于，她重新走进了教室。在她走进教室的一刹那，我突然觉得开心起来，仿佛这几天压在心头的一块巨石搬开了。那一刻，我真的很开心，我以为我终于可以放心了……

可是，第二学期开学，我终于还是没有看到她。我也曾打电话联系她的家长，但是一家人已全部回到了老家……

之后，我偶尔在QQ空间中看到过她的照片：头发黄了，衣服时尚了，却已全然没有了中学生清纯的模样。我想她或许已经辍学了……

如今我也会时常想起她，想起和她有着一样经历的孩子们。只是我时常感到困惑：我这样的努力究竟对不对？作为一个老师，以后再遇到这样的学生，我该怎么做？

（案例提供：顾取英）

> 于洁建议

教师的努力需要正确的方向

案例中的这个女孩，比一般的孩子经历了更多的离散之痛。幼年时期与父母离散，少年时期与爷爷奶奶离散，与老家熟悉的老师同学离散，与从小生活的环境离散，这种离散的痛苦，是一直积压在她的心里的。同时，她的亲情之链是断裂的。别以为血缘关系就是万能胶，亲情之链断了十多年了，哪能一时半会儿黏合起来？何况，她现在的年龄，也正是有点主见有点叛逆的时候。

所以，她比同龄的孩子成熟一些，安静一些，孤独一些。老师注意到了这个情况，所以也对她十分关心，劝她到外面走走，劝她和同学一起玩。只是，老师并没有太在意她，也许在老师眼里，她还是个孩子，对环境熟悉了也就慢慢好了。所以，看到她偶尔和朋友手拉手说笑，老师以为她已经适应了。

我想，老师还是没有走进她的心里。至少，老师没有给她带来精神上的慰藉，在她最需要安慰的时候，在她最孤独苦闷的时候，她内心的苦闷一直积压着，没有找到合适的渠道发泄。如果，她能够在老师怀里痛哭一场，也许会好一些。

别以为她是个孩子，就可以很快忘记心里的苦痛，正因为她是个孩子，所以才更需要我们的安慰。安慰，不能蜻蜓点水，而要走进学生的内心深处。我对本案例的想法主要有两点：

第一，班主任可以利用自己语文老师的身份，为这样的孩子特意布置全班同学共写的作文，如《少时的回忆》《老家》《那段快乐的时光》，名义上是布置全班同学写作文，其实是特意为他们而布置的作文题目，目的就是让她把内心积压的一些东西通过一种合理的渠道恰当地发泄出来。假如可以把她的作文进行精心的修改，成为一篇美文，在全班朗读，表扬她，再微笑着告诉她："我们很羡慕你，你比我们有着更丰富的人生经历，这样的经历都将会成为写作的素材、人生的财富。"那么，我想，她会觉得在这个班级里并不孤独。因为，老师懂她。

第二，为学生解决实际困难，才是对学生真正的爱。她不是个捣蛋鬼，也不是笨孩子，她是个没有跟上学习进度的插班生，她面临的最大困难就是她与现在的学习脱节了。她没有得到他人很好的安慰，父母、同学、老师，都没有走进她的内心世界。孩子不想上学的念头已经出现好多次了，可惜，家校的沟通不是那么紧密，家长没有及时和老师取得联系，老师也没有在课堂上看出这个女孩子内心的矛盾挣扎。"实在读不下去了"，一方面是因为案例中所说的"本身基础不好，老家和这里的教学进度又不衔接。她每天坐在教室里，除了语文，其他功课什么都听不懂，感觉自己像个傻子一样，很痛苦"！另外一方面，也是因为她觉得在这个陌生的地方找不到精神上的慰藉。从小与父母离散，父母自然不是她的倾诉对象，同学们也许还有些看不起她这个成绩很差的插班生，老师虽然关心她，可是总有点浮于表面，无法真正帮她解决困难。

所以，教育之后好转，再出现反复是完全可以理解的。她不是不想读书，而是实在跟不上进度,这不是教育能够解决的问题,她需要切实有效的帮助!她一方面要在班级上课,一方面还要额外地补课,而那些补课只是杯水车薪,哪里解决得了她的燃眉之急啊!为何不降一级,为什么一定要她迎难而上而不是让她一切从头开始呢?

看得出,作者是个非常认真负责的班主任,还去家访,做了最后的努力。遗憾的是,这个努力还是说教,只是在家访这个特殊的情境下,在那一瞬间,感动了这个女孩子。可是,感动也只能带来短暂的学习动力,当遇到学习上的拦路虎时,手无寸铁的她还是落荒而逃了。

也许,作者是这样想的:只要她不辍学,只要她坐在课堂里,那么,我的教育就是成功的。可是,对于一个几乎什么都听不懂的孩子来说,坐在课堂里是一种怎样的折磨与痛苦啊!

无论在生活中,还是学习中,她都是那样孤独。

我们的努力,不应是拼命地留住她的人,而是走进她的心。

我们的努力,需要正确的方向。

案例 13

学生离家出走了,我却什么也没做

一个周一的早晨,我匆匆赶到教室,按照惯例扫视了班级一圈。"咦,他的位子怎么是空的?"我心里犯起了嘀咕。随后,问了几个同学，他们的答案无一不是"老师，他今天还没来。我们也不清楚情况"。

我回到办公室，拨打了他父母的电话，可是总也打不通。我心里不免有些担忧起来。两节课过去了，我隐隐地感觉到了异样，终于，我的手机响了起来。我一看，正是小明妈妈的号码，心中真是喜急交错……

挂了电话，我呆坐在椅子上，大脑一片空白。

"什么？他离家出走了？"

"周日晚上跑出去的，至今还未找到……唉，我那天晚上叫他写作业，他不肯，非要等到看完电视再写，后来，我就狠狠地训斥了他，还让他跪在地上反省。没想到，他一气之下就跑了出去。原来我以为他只是一时赌气，因为之前也有过类似的情况，没想到，这次……"

"有打110报警吗？"

"警察说失踪不满24小时不接警。老师，我先和您说一声，您也帮我向同学们问问看，好吗？"

"嗯，好的。你别太急了，说不定他自己就回来了。如果我问到什么线索，就打电话给你。"

我刚接手这个班，也是我第一次做班主任，没想到会遇上这种事，没想到一向可爱、讨人喜欢的他会离家出走。我真是心急如焚，但又不知所措。我将情况汇报给了学校德育处，相关领导说帮忙问问看，是否有学生知道一些线索。我又赶紧找了一些平日与他关系较好的同学询问，可是他们都是一脸茫然。

这一天真是感觉特别漫长。期间，我再没接到孩子爸妈的电话。直到晚上八点半左右，我再也忍不住了，拨通了他妈妈的号码。

"小明妈妈您好！现在情况怎么样？孩子找到了吗？"我心急地问着。

"还没有找到。小区里几个平日和他一起玩的孩子说那晚看到他走出小区的。真不知他现在在哪儿……"电话那头传来悲伤、无奈的声音。

小明妈妈，我之前也接触过几次，人比较外向、乐观，容易沟通，也很关注孩子的学习，但表达爱的方式方法不太合理，总是打骂孩子。这一点，从平时与小明的闲聊中，我也略知一二。

我也只能安慰道："嗯，再找找看。我听同学说，他有时会悄悄溜去网吧上网，不知会不会去网吧了。因为，在网吧通宵上网的话，就可以留宿了。"

"老师，不瞒您说，我和他爸爸也去网吧找了，但是那些正规网吧我们快踏遍了也没找到他的足迹。我估计他可能去那些黑网吧了。"

"黑网吧？"我心里愣了一下。这可怎么找呀？所谓黑网吧，就是那些偷偷摸摸开着的游艺厅，真不知毒害了多少青少年！这通电话，仿佛让我往深渊方向又踏近了一步……

当时的我，一是毫无班主任经验，二是太年轻。现在想来，我真后悔什么都没做，就只是在电话里安慰了他妈妈，然后就自己在家里担心，真是一夜无眠！

第二天，怀着一份复杂的心情，我再次来到教室清点人数，督促孩子交作业与做值日。眼光再次扫到那张空着的座位——第二排第一张，心，不由得一紧。看来，孩子还未找到！

终于，周三晚上八点钟左右，我接到了小明妈妈的电话："老师，孩子找到了！在一家黑网吧里找到了……"接下来的话，我几乎没听清,也记不起来了,只是记得这两句。"唉,终于找到了!"我的内心一声叹息。"嗯,找到就好。孩子没事吧?这两天在外面肯定很苦,天又冷,你们别再打骂他了,对他好些吧。"我用商量的语气说着。"好的,老师您放心吧。我们明天会让他来学校的。"小明妈妈爽快地说道。

几日的不眠,已让我身心俱累,今晚,我感觉如释重负。孩子找到了,真好。可是,情况远没有我想象中那么简单!周四的早晨,我终于见到了他,可是,还是那个他吗?头发有些异样,不再是之前清爽的学生头,显然,已经烫过了;衣着也发生了一百八十度大转弯,穿得成熟了些,与之前的小男孩服饰相去甚远;还有,那目光,当我看向他的时候,他也有些闪躲,目光中没有了往日的纯真。这一切,怎么会发生得那么快?我的内心真是无法接受。可是,在与他沟通过后,我发现,一切已成事实,只能无奈地接受了。

"老师,对不起了!让您担心了。我也知道我妈妈是为我好,可是,从小她就打我骂我,而且,我爸也是这样的人。其实,我在小学时就已经很不听话了,那时是爸妈压着,所以还算平稳。现在,我长大了。我有自己的想法……"

小明一股脑儿地说着。我听出来了,他觉得自己长大了,不想再受爸妈的掌控,他要独立,要自由。可是,他所谓的独立与自由是什么呢?我看出了他眼中的迷茫。之后的日子里,我也找他谈过几次话,他对我的态度一向是很好的,因为我清楚地记得他很认真地和我说过一句话:"老师,你是教过我的老师中我最喜欢的一个。"或许是由于我太年轻,缺乏经验,或许是由于我第一次做班主任,着实没啥谈话经验,他还是老样子,并且有些不能克制自己了。

后来，我因为怀孕没再做他的班主任，不过，依旧教他语文。课上，他从不捣乱，我的作业也都能按时完成。不过，初二时他便偶尔缺课，我也问过原因，说是身体不适请假了。后来，我也陆陆续续地听到一些有关他违反校纪校规的传闻。没想到，等我休完产假回来，同学们告诉我他不来上学了。我当时心里真的既惊讶，又难过。

初三期中考试前，他回过学校一次，还来办公室看我，和他聊过之后，我才知道，他实在不想学了，家里也拿他没办法，后来，因为他的学籍还在，学校就和他爸妈商定，初三一年他在家自学，等到中考时来参加考试。我不知说什么好了，深感无能为力。只记得，我当时整理了一些资料给他，让他在家好好看看，如果有困难，可以打电话给我。他很有礼貌地和我说了声"再见"，还是那张笑脸，不过已经略带了些与年龄不相符的成熟。

一年不学，自然是无法应付中考的。果不其然，中考结束后，我听说他要来参加补考，这样才可以拿到毕业证。我心里，也期盼着能和他再次在校园中相遇。

"哈哈！谢老师！"当我走下初三教学楼最后一个台阶时，耳畔传来了这一声响亮而又欢快的声音。我循声望过去，脱口而出："原来是你呀！"那份喜悦之情真是溢于言表："你在干嘛呢？""我来参加补考的。"他很爽快地回答了我。"嗯，那你好好考哦。"我给了他一个鼓励的微笑。

很明显，这次偶遇，我已很难感受到他的难过、失落与羞愧，取而代之的是盲目的乐观，那份说不清道不明的情感！我的内心真是五味杂陈。

三年前，我认识了他。一年前，我与他最后一次相遇。现在，这样的深秋时节，我再次想起他。那些与他有关的记忆片段，甚至是细节，都还是那么清晰，那么完整地保留在了我的记忆中。

亲爱的小明，我真想和你说一声"抱歉"。你那么喜欢的谢老师，没能把你引导好，我深感愧疚与遗憾。当年的我，是如此幼稚，如此脆弱，又是如此缺乏经验。我没能做好你爸妈的思想工作，我没能及时把你这匹脱缰的小马驹拉回来。后来，由于一些客观因素，我不再做你的班主任，我总想着你还有新班主任管着，所以我和你的沟通后来基本就只停留在语文层面上。但是，你每次见我总是微笑着和我打招呼，你总是说我好……与你比起来，我又好到哪里呢？

一切的一切，都随风而去了，时光不会倒流。小明，但愿你一切安好。

（案例提供：谢英）

陈宇建议

不做"三不"班主任

言为心声，文如其人。初读这篇文笔优美的教育叙事，我的第一个反应是作者是一个情感丰富细腻的人，文字功底也比较好。有这样的特点，又是教语文的年轻女教师，做班主任有其独特的优势，但也有致命的软肋，关键看她能否扬长避短，将其性格、能力中的优点转化为做教育的优势，克服年轻、没有经验、内向的短处。这点其实是年轻班主任最需要学习的。

我认为教育学生的能力固然与经验、学识有一定关系，但是总的来说与年龄和资历的关系并不是很大，有人做了一辈子教师依然是一个庸师，有人一上手就出手不凡。

我不赞成把"没有经验"作为做不好教育工作的理由。其实"经验"对做教育的帮助十分有限，甚至有时还有害。没有经验，也就没有了条条框框的约束，也许更能放开手脚做事，更有利于做出"有个性"的教育来。因为学生成长的过程不可逆，教育失败带来的损失是无法弥补的，教师不能有意无意地将学生视为增长经验的铺路石和试验品。年轻的班主任要全力以赴，尽力而为，争取把自己的第一个班带好，从成功走向成功。

当然，本案例描述的事实已经无法改变。现在再反思这件事，只是为了从中吸取教训，在今后的工作中不留或尽量少留"悔与痛"。

初读此文，似乎看到了一个无解之题——班主任十分关心学生，师生关系也很好，是家庭教育出了问题，导致学生自己不想学了。老师也和学生谈了话，做了工作，但是没有效果。而且，这位班主任只带了他一年，一年能改变什么呢？何况即使学生不想学也很给老师面子，至少没有放弃她教的语文学科。按理说，教师应该感到宽慰才是。老师之所以纠结，主要还是因为心思太重，试图转化所有的学生，一旦不成功，便会自怨自艾。所以，在一开始我甚至没有把它归入失败案例之列，而仅仅是从教师的从业心态做了分析。我想告诉这位班主任，要放平心态，教育不是万能的，学生的转变有的时候不是以教师的意志为转移的，不要对"教育"有过高的预期。

但是，这样说总还是感觉苍白了一些。这个难题，是不是真的无解？教师在对小明同学教育的过程中，是否闪现过一线曙光？教师是否忽视了一些重要的机会？也就是说，老师看上去是尽力了，但在诸多的无奈背后，我认为有很多工作并没有做到位甚至没有做。"时光不会倒流"，历史没有假设，如果这位班主任能从头来过，会不会有另一种教育结果？即使小明同学已经远去，但是，当我们遇见第二个、第三个小明时，也许，我们将会有更好的方法而不是只能说"抱歉"。

作者将失败归因为三点：幼稚、脆弱、没有经验，但我认为这样的分析没有切中要害。首先，作者的性格是决定这次教育成败最重要的因素；其次，是合适的方法。对小明同学的教育，作者的自我感觉是"无能为力"，而从旁观者的角度来看其实是"无所作为"，这种无所作为可以用"三个不"总结：不自信、不表达、不行动。这三个"不"导致了作者没有发挥自身的优势，错过了不少教育的良机。

一、不自信

不自信是年轻班主任的普遍问题，他们觉得自己是个没经验的班主任，人微言轻，说了也没用，或者怕说出一些幼稚的话反被家长或学生取笑，关键时候不敢做出决断，该采取积极行动时犹豫不决。造成这种情况的原因一是教师自身的性格，二是传统的培养机制和方式。的确，我们的教育方式让孩子们缺少了自信，很多师范生在家是乖孩子，读书时是好学生，很听话。但一旦走上工作岗位，面对复杂的学情和人际关系，便一脸茫然，手足无措。他们在残酷的现实中，有的能渐渐适应，逐步提高能力；有的则产生了严重的挫败感，特别是对做班主任，充满了恐惧。

当然，我们无法改变教育机制，我们只能改变自己。班主任这个工作岗位把年轻教师推向了教育教学的最前沿，逃避是不可能的，既然来了，就要重新审视自己，树立信心，进入角色，以专业人士的姿态出现在家长和学生面前，对于教育中遇到的问题，要积极介入而不能胆怯地躲在一边，要利用自己的专业知识帮助学生和家长解决困难。

像案例中小明同学的家长在孩子离家出走后，心情非常焦虑。他们最需要的是老师的建议而不是苍白无力的安慰。此时班主任变得很重要，作为一名教师，班主任即使再年轻，仍然是受过专业训练的职业人，老师说话家长毕竟还是要听的，更何况家长是爱孩子的，对于任何帮助他孩子进步的建议都会考虑。班主任要给家长传达一个信号，只要家长和老师密切配合，积极努力，就一定能转变小明。班主任这样做既在家长面前树立了自己的威信，也对小明同学的后续教育十分有利。遗憾的是，由于作者的不自信，导致了她什么也没做。可以想象，这次出走事件之后，家长对老师就更没有信心了；而老师自己，除了"几日不眠"，解决问题的能力没有通过这件事有任何提高。

二、不表达

性格内向导致教师"爱你在心口难开"。案例中的班主任虽然真切地关心着小明同学，也为他的堕落而痛心，可惜，这些情感都没有适当地表达出来。学生向班主任袒露心声时，我不知道班主任是如何回应的，文中没有叙述，可能也是不了了之，教师没有及时跟进。

班主任其实手中握有一件利器，就是学生和她的关系很好，"你是教过我的老师中我最喜欢的一个"。良好的师生关系是有效开展教育的重要基础，班主任没有善加利用这笔资源是本案例最大的败笔。

不善于表达是如作者一样性格内向的教师的致命软肋。心灵的沟通是相互的，常言道"以心换心"。这本是教师做学生工作的重要方法，而现在恰恰是倒过来了，学生和老师交心，老师却没有回应。如果这位班主任能将自己对学生的关心和痛心及时说出来，说不定能感动学生，从而引发其行为上的改变。"亲其师，信其道"，学生已经亲近老师了，老师却没有利用这种情感让学生"信其道"，甚为可惜！

我也接触过一些教师，他们心里是对学生好的，但是因为比较"讷于言"，不好意思表达。其实，表达的方式是多种多样的，有语言类的，也有非语言类的，有口头的、书面的（书信、周记），也有眼神的、肢体的，不仅可以"鸿雁传书"，还可以"以物传情"。案例中的班主任是语文老师，优势是文字功底好，劣势是缺乏表达的勇气和技巧。何不扬长避短，就像此刻用优美的文字打动读者一样打动小明同学？从文章中可以了解到小明同学的语文学得也不差，如果师生间能开展一些文字上的交流，你来我往，不仅可以更深入地了解学生的心理动态，说不定还能书写一段"两地书、师生情"的佳话。

和学生交流要注重多种方式并举，一招不灵就换另一招，总有一款适合他，灵活多变也是班主任必备的智慧之一。

三、不行动

不灵活导致了不表达，不自信导致了不行动，以至于班主任在教育小明同学的过程中一而再，再而三地错失良机。这样的错过令人扼腕叹息——局势本来是可以挽回的。为什么这么说？除了师生关系好之外，我对转化小明同学充满信心还有第二条重要理由，那就是小明同学是善良的。如果能积极行动，结果可能不会那么糟糕。

但"呆坐在椅子上，大脑一片空白""自己待在家里担心""一切已成事实，只能无奈地接受了""不知说什么好了，深感无能为力"，这些文字都是班主任"不行动"最直观的反映。

要说班主任一点行动没有采取也是不对的，她曾经安慰过小明的母亲、和小明同学"谈过几次话"。但是，问题恰恰是出在这里，这其实是很多班主任工作的通病——看上去工作都做了，但是因为没有多少效果，最后就放弃了。这些班主任的想法是，该做的我都做了，学生不听，我有什么办法？他们很少去想，为什么我做的工作没用？是方式不对，还是没有对症下药；是力度没到，还是火候没到？总之，不去认真分析原因，教育没有效果之后就开始找理由，最常见的理由就是"家长的责任"。其实，正是因为家长不会教育孩子，没有把孩子教育好，才把希望寄托于学校和老师。

在得知小明离家出走到小明再次回到教室之间，班主任做的唯一一件事是"等待"，听天由命。既没有参与寻找的行动，也没有在得知孩子已经找到后的第一时间和他展开交流，以至于再一次看到小明的时候，他已经变了一个模样。教师如果换一种姿态呢？当班主任得知学生出走和家长的教育方式有密切联系时，适时指出家长的问题，并和家长共同商议今后的教育方式。在孩子被找回家后，及时做一次家访，事先和家长做好沟通，互相配合，让孩子解决了心理问题后再来上学。在家访时老师就能发现孩子已经出问题了，可以赶在小明到学校之前就开始着手解决，这样就抢得了先机。在知道小明同学对父母的做法颇有微词之后，首先表示理解，更要努力疏导，几次谈话没有效果，再坚持多谈几次，而不是寄希望于还有别的班主任能继续教育他。在不做小明同学的班主任后，还要继续和他保持交流，以学科教学为媒介，利用作文等方式进行教育，说不定事情还有转机……

我相信，如果作者做了上述的工作，即使最后小明同学的状况依然没有改观，作者至少可以安心了，因为自己已经尽力。当班主任对自己说"我已经尽力了"这句话时，不妨再想想，是不是真的已经尽力了，是否还有一些努力的余地和空间，就如于洁老师所说："竭尽全力，直到无能为力。"

案例 14

我的家访总是失败

最近，市里要求班主任进入学生家庭进行家访。我是一个刚走上工作岗位不久的年轻教师，这个学期做了班主任，理所当然，我是必须要去家访的。

说心里话，我心里是很紧张的，因为我不知道该如何与家长交流。

那一次，和家长约好了时间后，我查看了一下要家访学生的最近一次的考试成绩，心里稍微有了点底，于是就上门去了。

想不到家长也是个不善言谈的人，他给我倒了茶以后，很客气地给我剥了橘子，然后问："老师，我们孩子在学校里情况怎么样？"

我报了一下他最近这次考试的成绩，他说成绩已经知道了，孩子已经回家告诉他了。我说："他的语文不太好，要加强一下。"

"那怎么才能提高语文成绩？"他焦急地问。

我一下子语塞，我这个数学老师，要回答这个问题真是有点难度，于是只好说："多读多背吧。"

他叹了口气，说："老师，这个我们也经常和他说，可是没有用。"

我不知道说什么好了，心里特别后悔没有带上语文老师一起来家访。

再后来，彼此都默默无语，气氛很尴尬，看得出家长似乎也很想和我沟通，可是却不知道说什么好。我也很想和他说点什么，却因为对这个学生的情况真的不是非常了解，以至于20分钟不到，我就尴尬地告辞了。

之后的几次家访，有的还是这样的状态，有的完全是家长在喋喋不休地说孩子的情况，我根本插不上话，甚至还有家长因为我提到了孩子在学校的一些不好的表现而把孩子揍了一顿，孩子对我都有点怨恨了。

几次下来，我对家访产生了畏惧心理，觉得这样的家访完全没有效果。每一次想到又要去家访了，我就一整天提不起精神。心里觉得

> 自己很失败,真有点不想做班主任了。
>
> （案例提供：佚名）

于洁建议

让家访不再流于形式

我想以一个年轻教师家访的故事来点评这个案例,希望这个故事能给老师们带来一些启发。

前一段时间,我受邀到一所小学做他们学校班主任论坛的评委,比赛内容之一就是用演讲的方式讲一个家访的真实故事,该校的曹老师的家访故事给我留下了极其深刻的印象。

我们先来看看曹老师的家访故事。

记一次家访

曹轶

刚进学校工作的时候,搭班的是一个还有两年就要退休的老教师,我上小学的时候,他就在隔壁班教数学了。这么多年过去了,他仍然能够认出我,所以我和他很熟络,我尊称他为老陆老师。

上班才两天,老陆老师就在下班铃响后对我大手一挥:"小曹,走,去小徐家里坐坐。"（小徐是这个学期转学到我们学校的，他成绩单上的分数一片红。）

"小徐？"我脱口喊道，当我意识到自己的失态时，已经来不及了，只能找无力的句子掩饰自己的窘态，"我对他还不怎么了解，去了说什么呀？而且都还没跟家长联系好……"

老陆老师处变不惊，站在我身边看我手忙脚乱整理东西，他说："就是不了解才要去了解！他们家地址我都记好了。我们要去看的是小徐放学后家里的状况，提前预约，家长要作假的。"

话说到了这个份上，我只能硬着头皮上了，跟着老陆老师到了学生小徐的家门口，或者说是店门口。孩子的父母从老家徐州到苏州做生意，在镇上开了家小餐馆。

小徐的父母给孩子报名时见过我，所以还认得我，一见我突然出现，先是一惊："曹老师？您怎么来了？"还未待我开口，又是一惊："是不是小徐在学校闯祸了？我家小孩子一天到晚给我惹麻烦……"

我打断这个受惊的母亲，告诉她我和数学老师只是来做个简单的家访，看看小孩回家后的状态。小徐妈妈虽然嘴上答应着，但还是一脸不信，可怜巴巴地望着我。这个时候，小徐爸爸也把孩子从里屋拖了出来，更准确地说，应该是"揪"，揪着耳朵出来的。小孩子也不知自己犯了什么错，一个劲只是求饶。

老陆老师这时实在忍不住了，一把把小徐搂过来，搭着小徐的肩膀，让孩子带他到里屋瞧瞧。

没过多久，老陆老师就和小徐一起出来了，孩子的脸上此时已经毫无畏惧感，跟进去的小徐爸爸也是一脸灿烂，忙着给我们端茶倒水。

自己也拉着妻子坐了下来，并对妻子简单解释了里面的情况：老陆老师看了一下孩子的房间，夸小徐爸妈重视孩子的成长，房间虽小，却整齐干净，有书桌、有书架。小徐爸爸边说，边乐呵呵地笑，小徐妈妈也终于松了口气，害羞得连连点头。

接下来的家访，就在轻松快乐的气氛中进行。半个小时后，我们起身告别，孩子父母一个劲地保证，绝不让孩子在假期之外沾手餐馆杂务，就算是学习结束，也让孩子轻轻松松玩好。

那一学期，徐洲的数学成绩从不及格进步到了中等，语文成绩从不及格冲刺到 90 分的行列。

小徐得知我调离学校，不再教他时，打电话给我告别。他在电话里哭得稀里哗啦，一遍遍地喊："曹老师，我想你。"他妈妈则一个劲地感谢我对小徐的关心帮助。其实我知道，所有这一切，都源于那次老陆老师牵头的家访。就是那次简单的突袭，让孩子的父母对生活、对孩子有了盼头，更让孩子在父母肯定的眼神中得到了鼓舞、激励。

下面，就曹老师的故事，我谈一些关于有效家访的想法。为了更清楚，我逐段点评。

刚进学校工作的时候，搭班的是一个还有两年就要退休的老教师，我上小学的时候，他就在隔壁班教数学了。这么多年过去了，他仍然能够认出我，所以我和他很熟络，我尊称他为老陆老师。

［点评］很多即将退休的老教师该评的职称都评好了，有一种即将退休

万事休的淡然，除了完成基本的教学任务外，是不愿意再有什么作为了。可是，也有一批即将退休的老教师，一方面以更大的热情投入教学中去，一方面自然而然地对年轻教师有一种传帮带的责任感。这个案例中的老陆老师，就属于后者。

上班才两天，老陆老师就在下班铃响后对我大手一挥："小曹，走，去小徐家里坐坐。"（小徐是这个学期转学到我们学校的，他成绩单上的分数一片红。）

"小徐？"我脱口喊道，当我意识到自己的失态时，已经来不及了，只能找无力的句子掩饰自己的窘态，"我对他还不怎么了解，去了说什么呀？而且都还没跟家长联系好……"

［点评］去学生家里家访，去之前备好课很重要，家长是非常想听一听老师对孩子各方面的评价的，所以，去了说什么，是很多新教师面临的首要难题。还有，要不要和家长预约，这也是需要考虑一下的问题。

老陆老师处变不惊，站在我身边看我手忙脚乱整理东西，他说："就是不了解才要去了解！他们家地址我都记好了。我们要去看的是小徐放学后家里的状况，提前预约，家长要作假的。"

［点评］正因为不了解所以才要去了解，这句话一针见血地点出了家访的意义之一：了解学生在学校以外的真实情况，了解他的家庭、了解他更多的侧面。老陆老师虽然不是班主任，但是，这么多年来的经验让这位任

课老师能够轻松地从教导处或者学籍卡上了解到学生的家庭住址,看来,老陆老师的这次家访不是一次心血来潮,而是他通过两天的观察后做的决定。老陆老师也提到了提前预约家访有可能产生的一个弊端——看不到真实的情况。家长当然希望老师到家里来的时候看到的是孩子在认真学习的样子,这样,也许就无法了解到真实的情形了。

话说到了这个份上,我只能硬着头皮上了,跟着老陆老师到了学生小徐的家门口,或者说是店门口。孩子的父母从老家徐州到苏州做生意,在镇上开了家小餐馆。

[点评]原来,小徐的家长是开小餐馆的生意人,我们不由得想起我们经常看到的一种情景:孩子坐在柜台里帮忙收账,或者帮忙端盘子,或者孩子在闹哄哄的餐厅一隅做着功课,东张西望思想不集中。看来,老陆老师是从学籍卡上或者是和小徐的交流中了解到了小徐父母的职业,也许,老陆老师有些担心小徐可能是上面那两种情形中的孩子。我想,老陆老师是在研究小徐成绩差的原因。

小徐的父母给孩子报名时见过我,所以还认得我,一见我突然出现,先是一惊:"曹老师?您怎么来了?"还未待我开口,又是一惊:"是不是小徐在学校闯祸了?我家小孩子一天到晚给我惹麻烦……"

[点评]从小徐母亲的反应中可以清晰地看到小徐过去的情况,小徐母亲的吃惊让我们看到她内心的惊慌和无奈。老师一般是无事不登三宝殿的,

只有孩子犯了很大的错误了,班主任才会打电话请家长到学校来协同处理或者去家访告状。

我打断这个受惊的母亲,告诉她我和数学老师只是来做个简单的家访,看看小孩回家后的状态。小徐妈妈虽然嘴上答应着,但还是一脸不信,可怜巴巴地望着我。这个时候,小徐爸爸也把孩子从里屋拖了出来,更准确地说,应该是"揪",揪着耳朵出来的。小孩子也不知自己犯了什么错,一个劲只是求饶。

[点评]这一段的描写真是真实细腻,母亲的将信将疑、可怜巴巴,父亲的武断、火冒三丈,小徐的莫名其妙与习惯性求饶,看来,这一家人都被这次没有预约的家访给吓到了。我们也清晰地了解到,这个家庭中,父亲对孩子有些粗暴,这样的家庭教育还是存在一些问题的。

老陆老师这时实在忍不住了,一把把小徐搂过来,搭着小徐的肩膀,让孩子带他到里屋瞧瞧。

[点评]一个搂一个搭,很自然巧妙地把小徐从暴力中解救出来,一方面给了小徐很大的安慰,一方面也让家长确信老师这次家访不是因为孩子犯错才来的。去孩子的房间瞧一瞧,可以很真实地了解到孩子的学习和生活环境。老陆老师真是棋高一着。

没过多久,老陆老师就和小徐一起出来了,孩子的脸上此时已经毫无畏惧感,跟进去的小徐爸爸也是一脸灿烂,忙着给我们端茶倒水。自己也拉着妻子坐了下来,并对妻子简单解释了里面的情况:老陆老师看了一下孩子的房间,夸小徐爸妈重视孩子的成长,房间虽小,却整齐干净,有书桌、有书架。小徐爸爸边说,边乐呵呵地笑,小徐妈妈也终于松了口气,有点害羞得连连点头。

[点评]老陆老师在很短的时间里就让这一家人都轻松愉快起来,父母得到了老陆老师的赞扬,小徐也觉得开心,因为老师让他的父母乐呵呵的,他就没有一点担忧与畏惧了。姜还是老的辣,老陆老师的表扬,其实就是一种善意的暗示和提醒:要重视孩子的成长,家长生意再忙,也不能干扰孩子的学习,还是要给孩子创造一个安静的学习环境。这种表扬式的暗示和提醒,让被表扬者心花怒放又心领神会,真是一举两得。

接下来的家访,就在轻松快乐的气氛中进行。半个小时后,我们起身告别,孩子父母一个劲地保证,绝不让孩子在假期之外沾手餐馆杂务,就算是学习结束,也让孩子轻轻松松玩好。

[点评]看来,这是一对很聪明的夫妻,他们很快就醒悟到老师来家访的意图,因为老陆老师用了表扬式的暗示和提醒,所以家长没有觉得尴尬,反而把老师没有说出来的潜台词主动地、明明白白地说了出来,让老师放心。本次家访的目的完全达到了。

那一学期,徐洲的数学成绩从不及格进步到了中等,语文成绩从不及格冲刺到 90 分的行列。

［点评］这样的结果一点也不出乎意料，小徐一家人得到了老师的赞扬，父母从此会真正重视孩子的学习，就算生意再忙，也不会影响小徐，家庭学习环境得到了保证，学校里有曹老师和老陆老师这样认真负责的老师教学，小徐的成绩定然会进步的。

小徐得知我调离学校，不再教他时，打电话给我告别。他在电话里哭得稀里哗啦，一遍遍地喊："曹老师，我想你。"他妈妈则一个劲地感谢我对小徐的关心帮助。其实我知道，所有这一切，都源于那次老陆老师牵头的家访。就是那次简单的突袭，让孩子的父母对生活、对孩子有了盼头，更让孩子在父母肯定的眼神中得到了鼓舞、激励。

［点评］是的，这样的家访产生这么好的效果，是意料之中的事。

从这个案例中，我们看到了家访需要注意的几个方面：①家访的目的要明确。②如果需要了解一些真实的家庭情况，可以采用不预约的方式，就算父母不在家，也可以了解到孩子在家的真实情况。③要学会和家长沟通，可以用表扬式的暗示法，既给足了家长面子，又达到预期目标。④家访可以不是班主任一个人前往，和任课老师一起家访，气氛会更加活跃，家长得到的信息量会更大。⑤新教师如果不会家访，可以和老教师一起去家访，慢慢学习老教师和家长沟通的艺术。

让我们的家访更加真实有效，不要为了完成任务而家访，让家校的沟通更加畅通、和谐、高效。

案例 15

我怎么也走不进学生的内心世界

开学第一天，我正在教室里忙着招呼学生和家长，一个尖锐的中年女子的声音传了过来。

"我说老师啊，我刚才去宿舍看了一下，宿管阿姨说学生们的衣服都是放在洗衣机里一起洗的。我们家小孟的衣服基本都是白颜色的，而且，都是名牌，不是名牌的衣服我家儿子不穿的。老师，你说怎么办？要是白衣服染上了其他颜色，学校赔吗？还有啊，名牌衣服最好是手洗，洗衣机里洗是不行的……"

教室里一下子寂静无声，所有的家长和学生，包括我，都惊愕地看着这个满头卷发的女子。她的儿子，胖胖的，脸色红润，穿着白色外套，在这样全场瞩目的环境中，他竟然完全不动声色，完全没有一般孩子会出现的面红耳赤或者尴尬不已的表情。他的眼神中还有一丝挑衅的神情。

尽管我一再告诫自己不要被第一印象左右，可是这样的第一印象实在是太深刻了！

在极短的一瞬间，时间似乎停滞了。我拍拍手，对全班同学说："下面我们要开始发书了，请大家都到自己座位上去，请家长离开教室，宿舍里还有什么没整理好的，请家长赶紧去。"似乎所有人都松了一口气,各归各位。我没有再特意去看一眼那位女子,也没有再多看一眼她的儿子。

一切就像没有发生过一样。可是我的心里,隐隐有一丝不安,我感觉到,我这次的冷处理暂时帮助我迅速逃离了眼前的窘境,但是必定会遗留下一丝祸患。

在后来的日子里,关于衣服是不会再出问题了,因为校服很快到位了,小孟极不情愿地脱下了名牌衣服,穿上了校服。"学校的饭菜也太难吃了吧,我家儿子的营养跟不上的,他在家里吃饭都是按照营养食谱的。"他的母亲在每周的家校联系单上一次不落地写着对学校的各种不满。

天地良心,我们学校的伙食真的是全市最好的了,无论是已经毕业的学生还是外面学校来就餐的老师,都是这样评价。对此我依然采取了冷处理的方式。从内心深处,我鄙视这样的女子。

"那个小孟,我都不敢看他,他的眼神,冷得不得了。"英语老师是个小姑娘,对我这样说。

"那个小孟,和我面对面走过时,真是面无表情,就像世界上没我这个人一样的。"副班主任说。

"他听课也不违反纪律,作业上的字迹也挺工整的,上课喊他回答问题,他就站着,不说话,你也不好批评他什么。他的表情很冷漠,看了总觉得很不舒服。尤其是你们班其他学生都很热情,反差太大了!"历史老师说。

"学校里要组织一些理科上有潜力的学生拔优,想让他们更上一层楼,我觉得你理科挺不错的,你愿意参加吗?"我这样问他。

"我不愿意。"他很干脆地说。望着他漠然的脸，我一时语塞。

我私下里了解了他和同学的相处情况，学生们告诉我，他基本上和每个男生都发生过小矛盾，但是大家似乎都觉得他有那么一个强悍的母亲，所以大家都不敢和他多纠缠，就算发生了小矛盾，大家也都是自觉地躲着，以免惹祸上身。

学校里规定不允许私自带篮球来学校玩，他还是带了，学生们也不敢和他玩，于是他一个人自顾自地在那里投篮。我去问他要的时候，他接住了从篮筐里落地的篮球向站在他身边的我一扔，正砸在我的腿上。

我捡起球，默默无语。他站着，也默默无语。

城市很小，一次偶然的机会我遇到一个熟人，正好也是认识小孟一家的。熟人告诉我，小孟的父母是外地人，在昆山慢慢地赚了点钱，就在儿子身上花血本，从小吃好穿好，很惯着他。不过这孩子对父母没有丝毫感恩之心，一不顺心就要发脾气，父母拿他没办法。最近小孟的父母希望儿子能够在功课上再抓紧一点，就把他房间的电脑藏了起来，他一恼火，就和他父亲打起来了，父亲一生气，把电脑从楼上扔到了楼下。于是小孟绝食。父母最后也没办法，只好又买了个新的给他。他比从前玩得更厉害了。

咎由自取，我心里说。

这样的学生，不是我这个老师能够改变得了的，只要他不犯原则性的错误，功课上过得去，我也就不去多管他了。我可不想热脸去贴冷屁股。

可是还是发生了一件让人意想不到的事情。

我在餐厅吃饭的时候，接到了值日老师的电话，说小孟和另一个学生打起来了。原来，那个餐桌上不知为何阿姨少放了一个凳子，等大家端了饭菜坐下的时候，最后走过来的小孟认为马某坐的是他的凳子，二话没说，就把手里的一盘菜全部扣在了马某的头上，于是两人打了起来。

学校要严肃处理这起打架事件，要我通知家长来学校处理，小孟自然是主要过错方。我想起要和小孟的母亲打交道，就有点害怕。说实话，我看到这样的女子，真的是情愿退避三舍的。这时我想起每次周五放学都是小孟的父亲来接他，对我似乎还是很客气的，估计是一个讲道理的人吧。

于是我拨通了小孟父亲的电话，把情况说了一下后，我婉转地说："小孟他其他方面都还可以的，就是这次把饭菜扣在人家头上，这个素质有点差了……"我的话还没说完，对方已经大吼起来："我儿子素质差？我儿子什么都好，我儿子素质是最好的！我告诉你，你说我儿子素质差，我要去教育局告你！"

我关了电话，一时之间气蒙了。

半小时以后，学生们还在上课，小孟的父母双双站在我的办公室门口。母亲尖厉的声音和父亲沙哑的吼声，叠加在一起，餐厅值日老师还没把情况说清楚，就被他们气得浑身发抖。

我拿过一张纸，在上面写了几行字，走到小孟父亲身边，递到他手里，用很轻很慢的声音说："这是教育局基教科的电话号码，还有基教科科长的姓名，还有教育局的地址，你们现在去找他们告吧。"

说完，我回到座位上坐下，让餐厅值日老师也坐下来，大家都不说话。

夫妻俩一时有点发蒙，母亲愣了一会儿嘀咕道："我们儿子在你手里，我们去告你们，我们会吃亏的。"

"放心，我是老师，我不会和一个孩子过不去。"我还是轻声地说，我知道，我的声音极其冷漠，这一刻，我觉得自己和小孟是一样的。

夫妻俩交换了一下眼色，"我们会去告的，会去的"。他们一边嘀咕着一边撤退了。

"我知道，你这次是真的生气了。我从来没看到你这么冷漠地说话。"同事说。

之后并没有什么事情发生，看到小孟，我还是和从前一样，说话的声音很平静，就像他说话的声音一样。在学习上和其他方面，我都就事论事，于是彼此相安无事。

和他谈话时，我也会说一些他表现好的地方，偶尔谈起一些学习以外的东西，比如篮球，比如电脑游戏，他也会稍微放松一下，笑一笑。

很快，他毕业了，这三年，他的成绩始终掌控在他手里，考来考去基本就是在一个名次上下浮动。他进来的时候是中上游水平，毕业的时候还是那个水平。

我从来没有和他说起过我的脚被他的球砸到后我的感受，也从来没有和他谈起过他父母来闹事的事情。彼此三缄其口。

几年前又遇到那个熟人，熟人说小孟的母亲遇到她时说起我，说："好在那次闹事没有影响到孩子，于老师气量还是很大的。"

毕业的时候，学生们和我告别，一个个和我拥抱，他走过来的时候，我对他笑笑，他也对我笑笑，我们拥抱了一下。

他读高中的时候,和老同学一起到母校来看过我几次,都是默默地站在人群后面,我和他打招呼,他就对我笑笑,问他什么,他就用很简单的几个字回答我。

如今,他该是一个大学生了,我没有向任何学生问起他的任何情况。

一届一届学生流水般离去,我至今都不知道这个孩子的内心世界是怎样的。

都说心无芥蒂,我还是有些芥蒂的,我芥蒂自己的失败——我没有走进他的内心世界。

(案例提供:于洁)

陈宇建议

放下身段,才能做到真正的心无芥蒂

我初次接触这个案例,觉得是一个无解的难题。在一个班级里,总会有那些特立独行的学生或者很难缠的家长。这些特殊的个案,像一个个难以攻克的堡垒,成为班主任们工作中最让人头疼的问题。这些难题解不开,由此带来的挫败感会在很大程度上影响班主任带班的积极性,甚至会对自己的教育失去信心。正如该案例写到的这个故事,班主任的教育思想不能说不端正，度量不能说不大，耐心不能说不好，但是，你不得不承认，这是一个彻底失败的案例。

问题出在哪里？如果不仔细分析，我们会把责任都推向家长和学生。确实，摊上这样的家长和孩子，班主任都要自认倒霉了。本文作者的做法似乎是无懈可击的，她冷静地对待家长的无理取闹，以宽容面对学生的冒犯，看上去，该做的似乎都做了，而且分寸把握得很好，没有在学生和家长面前失了风度，最后也没有造成很坏的结果，一切都在学生毕业后风平浪静了。

但是问题的关键恰恰出在班主任的"无懈可击"上。经过深入研究，我发现这是一个很隐蔽的"班主任主观因素导致教育失败"的案例。在这个教育失败案例中，班主任所犯的最大的错误可以用四个字概括——"居高临下"。班主任对家长和学生居高临下，"不与你计较"的态度，让家校关系和师生关系步入了恶性循环，最终以失败而告终。

这个案例其实是两组互为联系的事件组成的，一个是学生小孟，一个是小孟的家长。作者在处理这两组人物和事件的过程中，心态与做法基本一致。以下我稍作展开分析。

一、只有放下身段，才能与各类家长达成一致

班主任和小孟家长的关系是如何搞僵的？当然，家长是首因。但是，家长不是班主任可以选择的，是和学生一同"搭配"给班主任的。班主任必须面对处于社会各个不同阶层、不同文化素养和不同个性的家长，这是每个班主任不能回避的现实问题。

班主任与家长打交道，和一般的人与人之间的交往有所不同，但也有很多相通之处。所谓相通，就是班主任和家长之间沟通交流、建立联系、产生情感的过程符合一般人际交往的常情。

从班主任的角度来说，在众多家长中肯定会有关系较为紧密的，也有相对疏远的；有联系频繁的，也有疏于联络的。家长中，有班主任喜欢的类型，也有班主任不喜欢、不愿意多搭理的类型。大千世界，各色人等，这些都属正常现象。

以上说的是班主任与家长交往中符合人之常情的一面。另一面，班主任和家长的关系也有其特殊性，这种特殊性，是由教师和家长之间特殊的媒介——学生——造成的。在一般的人际交往中，遇见知己，尽可以多来往；遇见话不投机的人，可以老死不相往来。总之，我可以凭自己的主观好恶制定与他人交往的原则。但是，家校关系就不能这样了。班主任在与家长长期的交往中，因为各种原因，有些甚至可以成为朋友，这种友谊会一直延续到学生毕业之后。学生毕业后，家长和教师之间已经没有了利害关系，如还能继续交往，维持原有的友谊，这就已经超越了一般的家校关系，而成为真正意义上的生活中的朋友，这样的情感更显得珍贵，也是做教师的职业幸福感的来源之一。但是，这种情形并不多见，比较多的情况是，教师和家长之间因孩子的纽带作用形成一定的联系，一旦学生离开教师所任教的班级，教师和家长的联系也就随之终止了。也就是说，家长和教师之间，更多的是因为工作的关系产生联系的，这是教师需要注意的。

既然与家长打交道是无法回避的，那么，教师的心态调整就很重要了——你不能改变家长，就只能改变自己。

班主任的工作对象是学生，但是学生背后有家长，班主任的工作如果得不到家长的支持，是很难开展下去的，这是常识。家长是否支持班主任，与家校关系有着密切的联系。

这些道理都很正确，但是真正做到和所有家长都和谐相处却很难。因为班主任也是普通人，也有情感，也有自己的个性和好恶，面对那么多家长，特别是个别很难缠、很不讲理的家长，要说班主任完全没有脾气和想法，也是不现实的。本案例就是很典型的一个例子。

表面上看，班主任和家长的关系闹僵是家长造成的，作者用大量的笔墨描述了家长的种种做派，素质不高、语言尖刻、护短、不配合老师对孩子的批评教育。作者无非是想说明，造成这一切后果的都是家长。那么，面对这样的家长，班主任的态度如何呢？文中有这样一句话："我想起要和小孟的母亲打交道，就有点害怕。说实话，我看到这样的女子，真的是情愿退避三舍的。"不仔细辨别，读者会认为这是因为小孟的妈妈无理取闹，班主任有些害怕和她打交道，但实则不然。班主任不是"怕"，而是"不屑"，即不愿意放低姿态和家长平等地交流。这一点从小孟家长第一次和班主任接触就能看出来——"我没有再特意去看一眼那位女子"。虽然作者强调不能以第一印象影响对一个人的判断，但是在现实中依然难以做到。后来，作者更是坦陈："从内心深处，我鄙视这样的女子。"

所以，班主任和小孟家长的相处有两个关键词：不屑、冷漠。因为不屑而导致冷漠，因为冷漠，教师和家长的关系进入了冰点，而这种表面冰冷的关系却像一座火山，一旦遭遇问题，随时可能爆发。事情后来的发展也恰好印证了作者的担忧："我的心里，隐隐有一丝不安，我感觉到，我这次的冷处理暂时帮助我迅速逃离了眼前的窘境，但是必定会遗留下一丝祸患。"该来的总是要来的，师生关系、家校关系若不和谐，孩子的毛病又比较多，出问题是迟早的事。

要说事情发展到后来那种水火不相容的地步到底是谁的责任，恐怕很难说清楚。撇开家长的错误不谈，我觉得在这个案例中班主任有两点教训是可以给读者提供借鉴的，一是班主任需要分清职业角色和生活角色，不能以自己的好恶决定是否与家长交流；二是教育中出现的问题躲是躲不掉的，必须要面对，早一点采取正面的方法解决比拖到问题出现再被动地解决要好得多。

二、只有迈过心里那道坎，才能真正走进特殊学生的心灵

本案例有相当一部分是关于小孟同学的。小孟同学是属于教师最不愿意碰到的学生，他不是好或坏的问题，而是一种很别扭的状态，让老师有力无处使。因为交流讲求互动，讲求以心换心，小孟属于有来无往的人，任何对他示好的行为都如泥牛入海，这样，就打击了老师和小孟交流的热情。终于在几次碰壁并被小孟伤害后，教师对小孟采取了冷漠的态度。这种冷漠，有小孟父母的原因，有小孟自己性格的原因，但是最重要的原因还是来自教师不能说服自己，无法真正放下身段去和一个冷漠的人交流。

应该说，以冷漠对冷漠，对于一般的学生而言，这是一种比较奏效的方法。学生最怕老师不理睬自己，最怕被老师忽视。但问题是小孟不是一个普通的学生，他活在自己的世界里，其情绪对外界的依赖性较小，他并不在乎你是否重视他、喜欢他。这就给老师出了一个很大的难题。从人性的角度看，任何人都有被重视、被关注、被认可的需求，但是，这种需求的表达方式又是多种多样的，有的是显性的，有的则被隐藏得比较深，小

孟属于后者。这样的孩子，自主、自负，以自我为中心。想要走进这样的孩子的心灵，绝非易事。从技术层面上讲，也是有些方法的，比如国外有专家就曾对这类学生提出过一些帮助建议，包括：

①咨询专业机构或人士，调查他的家庭背景，弄清楚他冷漠的原因。

②多表扬，建立学生的信心。鉴于小孟的特殊性，可以不当着其他孩子的面去表扬，而是通过书面的方式，比如在他的作业本上写下表扬的话，利用作文进行交流。

③找时间和小孟单独谈一谈，态度温和地说服他，让他看着教师的眼睛讲话，逐步赢得他的好感。

④为小孟单独安排一些任务，让他独立完成，完成之后予以表扬。

⑤说服一些同学对小孟"发出邀请"，并试着让小孟去"邀请别人"。

⑥巧妙地设计一些班级活动，让小孟参与进去，在参与的过程中试着让小孟和其他同学改善关系。

⑦在班级里找一两个可以和小孟相处得比较好的学生，让他们结成对子，关系巩固后再扩展他的社交圈子。

……

一把钥匙开一把锁，作者不是没有钥匙，而是还没有找到钥匙。小孟虽然难以沟通，但并非针插不进，水泼不进，只是需要教师更有耐心，去试、去探究，研究小孟为什么会变成这样。除了常规方法，还可以采用什么新方法？等等，这些都不是点评本案例的关键。关键在哪里？关键是教师愿不愿意去做。换句话说，不是怎么走进学生心灵的问题，而是愿不愿意走进所有学生的心灵。事实上，教师并未刻意去寻找那把钥匙，因为心里并不情愿，所以，也就仅仅能做到"相安无事"。这种失败，是隐性的，小孟没有出大问题，学习成绩也没有下降，在外人眼里，这算不上什么失败，但是，对于作者而言（作者是一个对自己要求很高的教师），走不进学生的心灵，就是失败。

　　现在，本案例中教育学生的失败原因也找到了——教师不能说服自己放下身段，用小孟的眼光看世界，用小孟的思维想事情；不愿意为此而付出更多的爱。老师对学生，虽然态度是平和而冷静的，但是我们仍然可以看见师生之间的"暗战"——情感上的对抗，互不兼容。这显然不是技术层面的问题，在技术上，教师该做的都做到了。千山万水都好飞越，唯独内心的那道坎，是最难过去的，你得说服自己，甚至是改变自己的做人原则，去与一个自己并不喜欢的学生交流，不惜把热脸往冷屁股上贴。这是需要非凡的勇气的。

CHAPTER

第五章

教师威信树不起

学生就是一面镜子，从他们的眼中我们时常看到自己的不足。很多时候，我们真的要静下心来听听他们的意见。学生对我们提出抗诉的时候，就像身体向我们发出的警示一样，我们要充分重视，并做出必要的反思和适时的改变。我们的主动改变会让我们欣赏到别样的风景，周围的世界会因为我们的改变而变得更加精彩。

案例16

调座位引发的风波

我带的这个五年制高职班是机电专业三年级的,学生思维活跃、班风良好,我们很快就打成了一片,也取得了一定的成绩。但可能是我缺乏经验和未树立起威信的缘故,仅仅过了一个学期,今年春天一开学,情况就发生了变化:上课随意讲话的现象多了起来,自由散漫的风气渐长,甚至有人在课堂上与任课老师顶嘴。

为了整顿课堂教学秩序,提高学生听课效率,纠正不良学风,我决定将学生的座位进行全面调整。事先,我就通过召开班委会、找学生谈话等方式展开调查,并根据学生实际情况与班干部们商讨出了基本方案。本以为这样一来,应该是万无一失了。

那天下午第二节课,我揣着新座位表,信心满满地走进了教室:"鉴于近期有些同学上课讲话现象比较严重,我们把座位调整一下,希望大家理解并支持。"

说完,我就开始宣布名单,还没有读完,下面就像炸开了锅,我只好停下来训斥了几句。安静后我又继续宣布,第四组、第五组、第六组,宣布结束了,我问道:"有没有人有不同意见的,没有的话大家都行动起来吧。"

大家陆陆续续地搬起了桌椅,可还是有几个男生坐在原位不动,其中一个就是我的重点工作对象——陆某。

我上前问他:"你怎么还没动?"

他用带有敌意的眼光看着我说:"我不想换,我还要和他坐在一起。"

我绷着脸说:"你们两个上课讲话那么大声,都快把任课老师的声音给压下去了,必须得换!"

"我也不想换!"旁边一个也附和道。

我气恼地回到讲台上:"同学们,这次调座是试行,如果有什么意见可以课后和我单独交流,但现在还请大家按我刚才宣布的方案调整。"

讲完之后,大多数学生都积极行动起来了,可是陆某还是坐在那一动不动,有个男生催促了他一声,却让他的态度更加蛮横:"我就不换!"然后,他盯着我说:"她(指我)算什么,我跟何某同桌三年了,她让我换就要换,凭什么啊?"

我一下子震惊了:天啊,是在和我说话吗?我呆立在那里。

这时候,班级最后一排一个班干部站起来说:"你是跟谁说话呢?"

"我就跟她说,怎么样吧?"

我猛地听到拍桌子声,另一个男生站起来吼道:"你赶紧向老师道歉!"

"我就不道歉!我凭什么要换,凭什么要道歉,你不爽可以过来!"

后面的男生把桌子一推就想冲过来:"你不要以为我不敢……"

气氛越来越紧张,眼看冲突一触即发。我傻眼了,一句话都没有说,泪水却在眼眶里不停地打转。大家都看着我,我还是一句话都没说，心里好难过：怎么会这样呢？我觉得自己受了天大的委屈，背过身去，拼命地强忍着泪水。

不知道过了多久，教室里忽然变得好安静，安静得能听到自己的呼吸，我好想大发雷霆一番来维持自己班主任的颜面，可是我怕一开口说话，眼泪就会情不自禁地掉下来。

班长站起来说："不就换个座位嘛，你们干吗，看把老师气的！"陆某看着我，我也看着他，然后他极不情愿地把桌椅推到调整的位置上。

下课铃响了。

一回到办公室我就忍不住哭了……

（案例提供：花艳）

于洁建议

平等、平和是师生最好的相处方式

这是一个极其真实的案例，真实到这次师生冲突似乎就发生在我们面前。最真实的是教师的心情变化。这样真实的文字一定出自一个为人真诚的老师。怎样的班主任就会带出怎样的班级，我在这个案例中同样看到了一群真诚的学生，他们不掩饰自己的内心，想说就说，虽然有些任性，却终究善良。

和学生打成一片是好事，但是任何事物都有它的两面性。师生之间距离太近，最容易出现的问题就是学生会因为太无拘束而有些散漫。就如案例中所说，时间长久了，有些问题就显露出来了：上课随意讲话的现象多了起来，自由散漫的风气渐长，甚至有人在课堂上与任课老师顶嘴。

为了整顿课堂教学秩序，提高学生听课效率，班主任决定调整座位。为此，她做了大量的前期工作，包括召开班委会、找学生谈话等。她还根据所获信息与班干部们商讨出了方案。用作者的话说，"应该是万无一失了"。

这是一位非常负责任的老师，在年轻教师中应该属于比较老练的了，考虑问题很周全，而且可以看出这位老师在平时就非常重视班委会的作用。只是，当班主任为这些举措暗自窃喜的时候，她忽略了一些问题。

首先，"为了整顿课堂教学秩序，提高学生听课效率，纠正不良学风"，她决定将座位进行全面调整。我们注意到，这位班主任认定出现这些问题的原因就是学生座位问题。只要调整了座位，把爱讲话的学生拆开，问题就可以得到解决了。这是她通过召开班委会和找学生谈话得出的结论。我们可以猜想到，召开班委会和找学生谈话的内容其实就是了解哪些人坐在一起爱讲话。其实老师心中已经有了一张黑名单。

其次，为了掩饰心中的那张黑名单，她对座位进行了全面的调整，以显示自己并不是针对个别人，并且在言语上继续进行掩饰："鉴于近期有些同学上课讲话现象比较严重，我们把座位调整一下。"

正因为这次调换座位涉及全体同学，所以才会出现教室里一下子像炸开了锅的情况，我们可以想象一定有部分同学觉得很突然，觉得很不满。

班主任是通过强权训斥来镇压的。个性不强、脾气较好的大部分学生会选择沉默与逆来顺受。但是，如果遇到个性很强，脾气急躁，或者自身利益受到伤害的学生，那么矛盾势必激化。

再次，在与陆某的交锋中，师生双方言语都很不客气。教师用了质问的语气"你怎么还没动"，学生有了敌意，认为班主任是要拆散他和坐了三年的好朋友。学生带有敌意的眼神又进一步激怒了班主任，于是班主任当着全班同学的面，抛开了之前的掩饰，直白地揭示了要拆散他们的原因："你们两个上课讲话那么大声，都快把任课老师的声音给压下去了，必须得换！"

这句话一说，两个学生心里都明白了，班主任已经暗中调查过他们了。于是，另一个同学附和地说："我也不想换。"

一个是必须换，一个是不想换，师生从针锋相对进入了对峙阶段。

陆某凶巴巴的眼神以及那个拒人于千里之外的"她"，让年轻的女班主任一下子惊呆了。一直与学生打成一片的女班主任，此时突然意识到了自己的身份：我是他们的班主任，他们怎么可以这样对我没大没小？

看到这里，我是有点担心的。到这个节骨眼上，一般会出现两种状况，要么班主任大发雷霆，用强权压制学生，要么班主任气得扭头就走。

值得庆幸的是，因为这位班主任十分爽直善良，重视班委干部的作用，所以，关键时刻，班委干部使局面得到了扭转，这个第三方的出现，给彼此双方都搭了台阶："你是跟谁说话呢？""你赶紧向老师道歉！""不就换个座位嘛，你们干吗，看把老师气的！"

从这些班干部的话中，我们听到了成年人的口气。我们不由得想到，这个班主任面对的是一个个男子汉了，再要用强权与独断，是不行的。何况，这个学生说得也有道理："我跟何某同桌三年了，她让我换就要换，凭什么啊？"

想想也是，这个年龄段的孩子，十分重视友情。班主任在没有征求学生意见的情况下，强势出击，拆散他们，调换座位，是一定会引起不满的。

班主任如果能够在召开班委会和找学生谈话了解后，确定了哪些学生爱讲话扰乱课堂纪律，先找这些同学谈一下，指出问题，然后开出条件，如果不能够管住自己的嘴巴，影响了他人的学习，那么只能把他们的座位换开。采用"先礼后兵"的方式，也许能够让学生体会到班主任对他们的尊重，就不会出现这样尴尬的场面了。

我很欣赏这个班主任真实的"弱势"表现。"气氛越来越紧张，眼看冲突一触即发。我傻眼了，一句话都没有说，泪水却在眼眶里不停地打转。大家都看着我，我还是一句话都没说，心里好难过：怎么会这样呢？我觉得自己受了天大的委屈，背过身去，拼命地强忍着泪水。"

陆同学最后还是选择了调整座位，一方面是迫于班干部的舆论，一方面是他看到了班主任的眼泪。他终究是个善良的孩子。

所以，我建议班主任回到办公室大哭一场，平息内心的委屈后，能够静下来想一想学生的委屈，站在学生的立场上考虑问题，而不仅仅是站在要整顿班级纪律的角度考虑问题。

凡事多和学生商量，尤其是和这些很要面子，有时也很冲动的男孩子相处，互相尊重、平等相处是最好的方式。

另外，班主任与学生之间还是保持在若即若离的状态更好一些，这样，彼此都有转圜的空间。

（注：事后，我们了解到，这个男孩子主动找到班主任道歉，师生双方就座位问题达成了一致。）

案例 17

我被学生联合罢免

我是中途接手现在的班级的,这个班级口碑不是很好,在情感上我是不愿意接手的,但最终还是服从了学校的安排。

开始的时候,我投入了很多的精力,班级也出现了不小的进步。一个学期下来,我们获得了先进班集体的荣誉。有一次我无意中听到班上一个同学说:"这个新班主任真厉害,我们班还从来没有拿过这个荣誉呢!"学生的溢美之词,使我很兴奋,因为我相信学生的话是发自内心的。看到越来越多的同学喜欢现在的班级,喜欢这个教室,我的内心充满喜悦。

然而事情并没有按照我预想的方向发展下去,到第二个学期的时候,班级连续出现了几起打架的事件。尤其让我始料不及的是,原先本来很融洽的师生关系迅速恶化,越来越多的学生走到了我的对立面。首先是三名同学,由于之前就背负处分,再次打架致使处分累加,被学校处以留校察看。这三名同学把被处分的责任推到了我头上,径直走到了我的对立面。接着,班上几个问题学生也出现了"反复"的情况,对于他们的"反复"我显得有些不耐烦,因而在处理问题时有点急躁。当时的一个同学因为早恋的问题引起了学校领导的关注,对于她的问题我欠缺经验,打电话通知了家长。这名同学对通知家长很反感,当时就与我发生了激烈的冲突。总之,那段时间,我和班上这几个学生的关系相当紧张。

　　一天中午,我像往常一样进班看午休,大家都在安安静静休息。大概一点钟的时候,我又去了一趟班级,却发现班级空无一人。我立即给班长打电话,电话关机。我给副班长打电话,对方就是不接。我以为她们提前去上体育课了,没有太在意。大约半个小时之后,我接到一个电话,是学校政教处打来的,说我班级的同学现在在行政楼。我的心当时就咯噔一下,学生怎么会集体出现在行政楼呢?下午,主任和我谈话了,通报了情况。说是学生到校长室反映情况,要求撤换我。主任说,学生的理由是因为我管理得太严了,他们受不了管束。此时,我很想对学生发一通脾气,或者大哭一场,为什么我为学生付出那么多,却换回这样的结果?为什么除了十多名同学之外,全班有三十名同学集体要求撤换我?

　　我该怎么办?还要不要做这个班主任呢?

（案例提供：陈斌）

于洁建议

教育如水

　　我曾在媒体上看到中国评选幸福城市,成都以生活节奏慢当选。很多快节奏的城市，百姓觉得不幸福，因为生活压力太大。

管理班级也是如此。

当陈老师正扬扬自得于班级获得先进集体的荣誉，感觉正顺风顺水的时候，却遭遇一盆冷水，一时之间无法接受。

问题就出在学生们感觉不幸福。用学生们的话来说，就是老师管理得太严了，他们受不了管束。在一个班级中，如果班主任是绝对的刚性统治而缺乏一定的人文关怀，他的学生就如同生活在水深火热之中，是完全没有幸福感的。

的确，新官上任三把火，学生们一下子会因为班主任的严厉表现较好，但是学生毕竟不是一熨烫就不会再起皱的布匹，学生是有喜怒哀乐的活生生的人。总有学生会出现这样那样的问题，总有后进生会出现反复，当陈老师处理这些问题的方式很生硬、很急躁、企图快刀斩乱麻的时候，当陈老师的教育像给刺猬拔刺一般时，刺猬们选择了团结起来反抗。

缺乏充分沟通、过分高压的管理以及对少数问题学生的处理不当等原因导致陈老师的学生在第二个学期结束前夕闹出了集体请求撤换班主任的事件。

在案例中，我们看到了陈老师的委屈。如果不能哪里跌倒哪里爬起来的话，很可能就会产生跟随其一辈子的对做班主任的恐惧心理。

那么如何做下去？如何勇敢面对自己的失败？如何在失败中站起来努力修复岌岌可危的师生关系？

首先，班主任要把内心的委屈找到适当的对象加以倾吐，把内心的不良情绪以恰当的方式排除出去，而不是积压在心里，否则这些不良情绪会在日后与学生的相处中不断地爆发出来。

我们后来了解到，陈老师找到他的同事们倾诉了这件事。事已至此，再多的抱怨只会使事情变得更加糟糕，更多的应该是对自己进行反思。陈老师第一时间找人倾诉自己的情绪，也让自己有了冷静思考的可能性。

其次，必须直面这次事件，而不能选择逃避。越是采取积极主动的方式，越是能够更快地处理好问题。

在校领导的安排下，陈老师在班里召开了座谈会。他个人也就前期的工作中的方法问题做了诚恳的道歉。在这样的真诚面前，在这样的"弱势"面前，学生们自然于心不忍（很多时候，学生比老师更加宽容），于是给了陈老师一个"留班察看"的机会。

接下来的日子，师生之间总是显得有些隔阂。一次公开道歉容易做到，但是每日相处的尴尬如何才能化解呢？等待陈老师的是一个更为棘手的局面。处理好了，可以获得凤凰涅槃式的重生；处理不好，会让教师逐步走向消沉。

教师在这样的情况下，必须修正认知结构，要试着问自己之前是不是以一个成年人的标准来要求自己的学生，是不是有拔苗助长的嫌疑；之前的一些做法有没有充分尊重学生的意见；是不是被表面的成绩弄花了眼，对平日的一些细节没有引起足够的重视；是否真正把自己的教育对象当做一个活生生的人来看待，有没有设身处地地考虑过学生们的感受。

思路决定出路，观念上更新了，就要放慢班级管理的节奏，把要达成的目标分解为一个个阶段性的小目标，放下高高在上的师道尊严，主动去和学生沟通，征询他们的意见。

学生就是一面镜子，教师可以从他们的眼中看到自己的不足。做老师的要善于蹲下身子、静下心来听听他们的意见。学生对教师提出抗诉的时候，就像身体向我们发出的警示一样，老师要引起充分重视，并做必要的反思和适时的改变。

案例 18

成绩第一名的班级被我带成了最后一名

我在某中学高一年级做了一年的班主任，感觉非常失败。一个学期下来，常规评比一次优等都没拿到（每周每年级评选出 5 个班）；我接班的时候班上的成绩语数外总分平行班中排第一，这次期末考试排全年级最后一名。校长、教导主任、德育主任多次找我谈话，让我想出解决对策，可我始终没有任何有效的办法。我在培训中学到的那个"值日班长制"到最后也成了学生应付我检查的手段。下学期我还要继续担任高二年级的班主任，我不想再迷失第二年了，也没有退路了，高二带的是文理分科之后的新班级，如果依旧是这样失败的话，我连开脱的借口都没有了。我该怎么办？

首先，我认为最大的问题是自己在学生那一点威信都没有。我没有威信的原因有这几点：

1. 年轻，教学水平一般；

2. 关于学校的很多事情，学生问我，我都不清楚，或者说错；

3. 对于"刺头"学生没有有效的管理和惩罚的办法；

4. 对班上学生之间的矛盾束手无策。

其次，班级里的各种问题我解决不了。

1. 部分班干部不作为，特别是劳动委员带头偷懒。我撤换了劳动委员，但是重新竞选的时候竟然没一个人想当，我只能自己指定人选，但是指定的人依旧不作为，最后所有的事都摊在了我的身上。我平时事也很多，不可能时时盯着，所以卫生一直是个大问题。

2. 班上好几个学生十分喜欢表现，上课时经常你一句我一句插嘴，任课老师非常厌烦，我对他们采取了批评、找家长、惩罚等各种方式，但是成效甚微。

3. 学生偷懒、厌学情绪严重。早上出操，总有很多人借故不去或者故意逃避，管也管不了。大多数人都不想学习，班上连中等生都几乎没有，成绩在年级垫底的人非常多。

4. 学生不关心集体，把教室当垃圾场。吃完的东西随便往地上扔、故意损坏公物、把教室电脑当游戏机，外加值日生偷懒，最后使得班级的地面上附着一层污垢。

当然还有很多很多，比如手机问题、早恋问题、抄作业问题，我也不一一列举了，越写越沮丧。

要说认真负责，我绝对是年级班主任中最认真的，但也肯定是最辛苦的，我每周回家一次，几乎都在学校里盯着他们，但是，换来的是学生的嘲笑和不以为然，甚至有学生敢当面对我直呼其名。我平时牢记与学生保持距离，但是总觉得他们把我看成了他们的同学而不是老师。

我现在十分需要技术上的指导，我该怎么办？

> 班主任的工作我很喜欢做，一点都不厌烦，但是付出劳动毫无成就，让我情绪十分低落。每日的工作成了自己的负担，毫无半点乐趣可言，我要崩溃了。
>
> （案例提供：佚名）

于洁建议

不了解、不理解学生，是失败的关键所在

仔细地把这篇文章看了好几遍，发现作者所有的困惑和苦恼都出在一个问题上，那就是他对学生的不了解与不理解。假如这个问题能够解决，那么所有问题将迎刃而解。所以，作者真正需要的不是技术上的指导，而是如何去真正地了解他的学生。

一、你的学生为什么会厌学

作者所在的学校属于三星级高中，也就是说仅次于第一流的学校。考取这个学校的学生原来在初中的时候成绩处于中游或者中等偏下，但绝对不是下游，有的学生甚至是平时一直成绩比较好只是在中考的时候发挥失常才进入作者所的在学校的。

这些学生在初中的时候自我感觉还是比较好的，属于不太被老师批评的一类，但是在升高中考试的时候却挨了当头一棒。那个暑假他们一定是非常郁闷的，在家里一定被父母数落过，在同学面前亲友面前也会觉得很丢面子。他们本来比较良好的自我感觉荡然无存。

他们得不到任何的安慰，因为事实就是他们考砸了。看着考得好的同学兴高采烈的神情，听着父母的唠叨，他们的内心一定很苦涩。

说了这么多，是希望老师们能真正了解你的学生，了解他们曾经受过伤的心。他们是在十分无奈的情况下来到作者所在的学校的。他们的自信心已经受到了很大的打击，甚至有些学生产生了自暴自弃的想法。高一的学习，更是严重地打击了他们的自信心。以我的经验，高一是最困难的一年，功课多，还有着从初中到高中的适应问题。

这些孩子在初中时成绩处于中游，平时考试也能考八九十分，但是进入高中，突然就挂起了"红灯笼"，本来想振作起来的他们又被浇了一盆冷水，刚燃起的自信心又被熄灭了。

所以，当学生们的成绩一落千丈的时候，作为班主任，要分析各种原因，多了解情况，而不是一味地批评，最主要的是帮助他们树立信心，并且帮助他们提高成绩。

班主任要告诉他们考到这个学校并不是就没有前途了，可以把学校的高考情况详细了解一下并告诉学生，树立他们的信心。

二、有些问题是怎么产生的

任何情况的发生，一定都有它的原因。

先说抄作业。学生之所以抄作业，原因有三个：一是不会做，二是来不及做，三是不想做。应该先从前两个因素入手，因为这样上手较快。学生不会做，就给他安排一个学生帮助他。或者不会做就空着，就是不要抄，等老师上课讲解。学生来不及做你就要分析一下哪门功课作业比较多了，你要协调一下。

再说早恋。我们发现很多早恋的孩子都出在有问题的家庭。要么是父母太爱孩子，孩子得到的爱太多，而且都是强加给自己的爱，就好像面对满桌的山珍海味，反而让孩子吃厌了，要吃点粗茶淡饭了；要么是来自家庭的爱太少，内心比较虚空。还有就是有些孩子承受了中考失败的打击和高一学习成绩后退的打击后内心失落，想要寻找一种情感上的安慰。

所以，假如你能够慢慢地去了解学生们，站在他们的角度去思考，那么就不会觉得不可思议，也不会觉得问题无法解决。

三、如何调动学生的积极性来管理班级

为什么作者会觉得他的班级像一盘散沙？

很简单，因为学生来自各个学校。对一个刚组建起来的高一班级来说，学生们极其需要一个强有力的领导者，而这个领导者在一开始一定不是班长，而是班主任。

可是，作者在文中说："关于学校的很多事情，学生问我，我都不清楚，或者说错。"可以看出，这个头你没有开好，在学生最需要依靠你的时候你却表现出了茫然和无助。这是你最失败的地方。所以，建议你在下学期带高二这个文理分科后的新班级的时候，一定要把学校的一些工作安排弄得

清清楚楚，请你务必多问别的班主任，你要把学校一些分管领导的电话号码都存在手机里，不要怕麻烦不要怕难为情，多问总是好的。

关于你提到的劳动委员带头偷懒的事情，我能理解。高一的学生有很多还处于叛逆期，加上受到中考失败的打击，更加显得倔头倔脑，因为只有这样才能掩盖他虚弱的内心。用外强中干来形容他们是最合适的。所以，你希望一个劳动委员带动班级所有同学的劳动热情，是不可能的。

所以，你撤换劳动委员是不明智的，因为你没有去了解他内心的想法。高一孩子很讲义气，你撤了他，其他学生是不愿意去接替的。

你可以把班级的卫生工作安排到每个人，这个窗子谁擦，这个门谁擦，都明确承包。劳动委员只需按照名单去检查。他就是一个领导者，管理好班级的垃圾桶就可以了，其他的活不是他干，是他督促提醒别人干。

这样做，也许能解决卫生问题。

四、关于破窗效应

文中提到"学生不关心集体，把教室当垃圾场。吃完的东西随便往地上扔、故意损坏公物、把教室电脑当游戏机，外加值日生的偷懒，最后使得班级的地面上附着一层污垢"。这其实就是破窗效应——因为班级一直得不到流动红旗，所以学生觉得反正教室已经脏乱差，就不用注意卫生了。

我想，作者需要召开一次民主讨论会，用自己的真诚换取学生们的真诚。要相信每一个学生本质上都是不错的。任何年龄的人，都渴望得到别人的肯定和赞赏。所以，多肯定，多表扬，用各种方式，抓住一切机会去表扬、鼓励学生。

这是改变破窗效应的最好的方法。当然，建章立制也是非常必要的，但制度应该一步一步建立健全，步步为营，先就某一个比较好解决的问题入手，逐步扩大战果。要注意，不打无准备之仗，想好了再动手，争取做一件事就成功一件。

五、要相信你自己

我在文章中看到这句话："要说认真负责，我绝对是年级班主任中最认真的，但也肯定是最辛苦的，我每周回家一次，几乎都在学校里盯着他们，但是，换来的是学生的嘲笑和不以为然。"

他们毕竟是高一的孩子了，不是小学生，不能用"盯"了，你越盯他们越厌烦。与其这样做无用功，不如经常与学生个别交流，谈谈心，问问学生有没有什么需要帮助的地方，有没有什么困惑与烦恼。就算学生一言不发，但是他的内心也会觉得老师是关心自己的，这样就够了。

在文章的末尾，作者说："班主任的工作我很喜欢做，一点都不厌烦，但是付出劳动毫无成就，让我情绪十分低落。每日的工作成了自己的负担，毫无半点乐趣可言。"

我非常理解，我在第一年工作的时候何尝不是这样？第一年都是熬过来的，你也在不断地适应中。那么，将心比心，这些学生是不是也在渴望得到你的支持呢？

没有谁一下子就成了优秀的班主任。慢慢来，一切都会好起来的。学生们经过了文理分科后，目标会渐渐明确，自信心会慢慢增强，人也会慢慢成熟起来；而你呢，也有了一点教训了，多了一点经验了，对不对？

最后想说：相信你自己，因为每个班主任都是在挫折中成长起来的。

案例 19

我上课不扔粉笔头，学生反而觉得没劲了

我是一名化学教师，有十多年的教龄。偶尔有一次，上课的时候我正背向学生写板书，转身的时候，发现一个学生不认真听讲，在和边上的同学讲话，我一恼火，就把手里的粉笔头朝他扔了过去，想不到正好击中他的鼻子。他吓了一跳，还没来得及做出反应，全班同学就发出了"哇——"的惊异声，"老师真是神枪手啊！"他们说。那个学生也很难为情，但在那样的氛围下，他根本无法生气，我也觉得自己真是神奇，心情一下子就好起来了。

从此以后，我竟然就开始有意识地练习起扔粉笔头来。学生对我百发百中十分佩服，特别喜欢上我的课。每次看到我扔得准的时候，就发出佩服的惊叹声。那些被我扔中粉笔头的学生也不生气，大家哈哈一笑就好了。就这样过了好几年。

但是后来，学校严格强调了不许体罚和变相体罚学生的政策，同事们好心提醒我不要再扔粉笔头了，万一哪个学生或者家长告到教育局去，那会惹来不小的麻烦。

从此以后，我上课不再扔粉笔头了，结果我发现学生们很失望，

上课觉得没劲了。现在我很迷茫，到底是扔还是不扔呢？看着他们精神不振的样子，我真恨不得把粉笔头扔到他们每个人身上去。

（案例提供：佚名）

陈宇建议

我们用什么吸引学生

扔还是不扔，是个问题。老师迷茫在何处？不扔粉笔头了，上课吸引学生的撒手锏没了，学生上课没劲了，这课还怎么上？

其实这个案例是个案，它背后反映出来的问题无外乎这样几个：我们上课用什么吸引学生？学生喜欢的是不是就是我们要给予的？对学生的兴趣和兴奋点，教师是迎合还是引导？

如果再深入一点，就是这样两个问题：优秀教师一定是被学生喜爱的（学生都不喜欢，那还能叫什么优秀教师？），但是学生喜欢（或者说被一部分学生喜欢的）的教师未必都是优秀教师。

对于这个案例，我们首先确立一个前提，否则不好讨论。这个前提就是，我们姑且不把扔粉笔头的行为看作体罚——一种学生能接受并喜欢，又没有对学生的身心造成伤害，还能提高学生学习兴趣的行为怎么能算体罚呢？我们只把这一行为看成老师博得学生喜爱甚至崇拜的一种个性化的技能，同时把这种技能（或者说技巧）放到课堂教学这个背景中来讨论。

我认为，评判一个教师在课堂上的个性化行为好还是不好，不能简单地看学生喜欢不喜欢，而是要看这一行为对提高教学效果，促进学生对所学知识的理解，培养学生正确的学习态度、价值观有没有帮助。当然，这种帮助可以是直接的，也可以是间接的。如果按照这个标准来衡量，老师扔粉笔头的行为就不属于此列。上课不是教师的才艺表演，扔粉笔头是一个比较极端的例子，我们换一个比较好理解的例子，某教师的歌唱得很好（当然不是音乐教师），如果老师一上课就唱歌，学生也喜欢听老师唱歌，不唱歌学生就觉得没劲，这就和老师扔粉笔头是一个道理了。如果老师就凭这个来吸引学生，那么无疑对课堂教学是无任何帮助的。如果这位老师换一些做法，比如，把教学的知识点编成流行歌曲唱出来，或者如果哪节课学生表现得特别好，教师就在最后唱一首歌作为对学生的奖励，这些行为就很好了，它把教师的主业（课堂教学）和个性（才艺）巧妙地结合了起来，发挥了自己的长处。

每个老师都有自己的个性、特长和才艺，如果能够把自己的这些优点和教学工作相结合，那么就形成了他独一无二的教学风格，可以在教坛独树一帜。这里有个重要的前提，那就是教师自己的课必须上好，有扎实的教学功底，主业不能丢。如果教学水平一团糟，就靠那点才艺技巧吸引学生，那是不对的。

再回到扔粉笔头这件事上来。学生从教师扔粉笔头这一行为中能得到什么？扔粉笔头有没有起到提高学生注意力的效果？学生期待这位老师来上课，是期待他的课，还是期待着看这节课上又有哪位同学要中彩了？课后学生会不会模仿这位老师用粉笔头练功？再继续设想下去，如果学生用粉笔头互相砸来砸去，破坏了卫生事小，万一砸伤了同学的眼睛，那会是一个怎样的结果？

如果这位老师的课本身上得不错，还想在教学方面有所发展，那就必须深入思考课堂教学问题，提升自己的教学实力，靠这点雕虫小技，是不能获得持续发展的。

于洁建议

让教师的个性特长成为课堂教学的正能量

我在学生中做了一个问卷调查：如果你的老师对课堂上不认真听讲的同学采用扔粉笔头的方式来提醒（扔得很准），你如何看待此事？

我整理出以下几种看法：

①只要不是扔我，那就觉得挺好玩的，可以活跃课堂气氛。

②当着那么多人的面，被扔粉笔头，挺丢脸的，虽然不痛，但有点伤自尊心。

③要看老师是善意还是恶意，发怒用力扔和微笑着轻轻扔，是不一样的。

④课堂上总是有走神的学生需要老师扔粉笔头来提醒，这个老师需要好好反省自己的课堂教学了。

⑤偶尔为之，大家哈哈一笑，可以；每课必扔，说明这个老师上课不怎么样。

我们从学生的评论中，可以看出每个学生对此看法不一，说明这是一种有争议的做法，那么就要尽量避免使用；尤其是学生们谈到此种做法有可能带来伤害学生自尊心的不良后果，那就应该完全杜绝这种做法。

想起魏巍在《我的老师》中描写的蔡芸芝先生：

> 她从来不打骂我们。仅仅有一次，她的教鞭好像要落下来，我用石板一迎，教鞭轻轻地敲在石板边上，大伙笑了，她也笑了。我用儿童的狡猾的眼光察觉，她爱我们，并没有真正要打的意思。孩子们是多么善于观察这一点啊！

蔡老师的假打真爱让人印象深刻。从文中可以看出，蔡老师与学生的关系是极好的，就算轻轻敲打学生一下，想来也是不打紧的，但是蔡老师还是没有真打，因为蔡老师是真爱学生的，她是下不了手的。

这样一对比，事情的本质就比较清晰了。同样是为了警告不认真听讲的调皮的学生，蔡老师是假打真爱，而案例中的老师是真的将粉笔头扔出去了；蔡老师内心深处是十分爱学生的，而案例中的老师是为了提醒学生，小小地惩罚学生，顺便活跃一下课堂气氛，让学生佩服自己。归根到底，案例中的老师觉得一个小小的粉笔头是伤不了学生的，他忽略了这样的行为有可能伤害个别敏感学生的自尊心，透彻地说，老师不是真爱学生的。

在乎学生，教师就不会只顾着自己逞一时口舌之快，把学生骂得狗血喷头；在乎学生，教师就不会只顾自己扔得得意爽快，而忽视了学生在一瞬间的失意与尴尬。

教师在课堂上可以有个性，但是这些个性特长应该成为课堂的正能量。正如陈宇老师所说，教师若能将自己的个性、特长和才艺与教学工作相结合，形成他独一无二的教学风格，也未尝不可。比如这个化学老师能把百发百中扔粉笔头与化学上某个知识联系起来，倒也巧妙地给学生增长了知识。

教师的言行举止可以有个性，但是不可以随意，不可以不得体。比如爱美的女教师在其他场合可以穿紧身衣、超短的裙子，但一旦进入教室，这样的装束就不够得体，因为它会过多地吸引学生的注意力，成为课堂的负能量；男教师在别处可以抽烟、喝酒，在学生面前却不可以如此随意，因为我们面对的是心智尚未成熟、世界观价值观尚未成形的未成年人，他们需要极强的正能量来积极引导。在明辨是非的能力尚未健全之前，教师、家长的言行举止就是最鲜明的旗帜。

所以，老师不要纠结于扔粉笔头是不是一种体罚学生的行为，而应该思考这是不是一种真爱学生的行为，是不是在给学生传达积极的正能量。

一句话可以暖人心，一句话可以要人命。小小的粉笔头重量虽轻，也可能成为某个学生自尊心无法承受之重。

谨言慎行，让我们的个性特长成为提高课堂教学的正能量。

CHAPTER

第六章

教育不能太功利

有一句名言我们耳熟能详:"教育的本质意味着:一棵树摇动另一棵树,一朵云推动另一朵云,一个灵魂唤醒另一个灵魂。"但很多人不知道,这句话的后面还有一句:"在这种教育中,教师不是抱着投机的态度敷衍了事,而是全身心地投入其中,为人生的成长——一个稳定而且持续不断的工作服务。"

　　教育不能太功利。

案例 20

我给学生戴"面具"

前几天,有关方面要来检查工作。为了确保"万无一失",我花了许多时间"教育"学生。因此,这几天他们"乖"了许多。

结果,我们班顺利地通过了检查。我知道,这完全归功于昨天的那堂教育课。

"孩子们挺争气,回去我要好好表扬他们一番。"我边往回走边想。可是还没等我走上楼梯,就看见班长急匆匆地跑过来:"储老师,你快去看看吧,小Z和小Q又打起来了。"一听这话,我顿时一股怒火冲了上来,这帮不懂事的孩子,怎么这么不长记性。冲进教室,只见那两个学生正扭作一团,桌椅倒了一大片,书本、文具撒落一地。再看其他学生,一改检查时的严肃,围成一团,扯着嗓子加油起哄。

见我怒目而视,他们立刻安静了下来,刚才还在进行"肉搏战"的两个学生,竟也迅速地回到了座位上,挺着胸脯,坐得笔直,整个教室静得连根针掉在地上的声音都能听得到。看着瞬间的变化,我茫然了,孩子们这是怎么了,怎么那么小就学会了戴"面具",而且这"面具"换起来竟如此迅速。

"昨天我讲的话都忘了吗?万一……"还没等我讲完,一个学生怯生生地站了起来:"老师,别担心,客人老师已经走了。"听了孩子的话,看着他认真的表情,我竟无言以对。是啊,平时我这样要求过学生吗?

我教育过学生有人检查和没人检查都应该一个样吗？昨天我不是还告诉他们平时随便些也就算了，检查时表现不好绝对不能原谅？

我忽然意识到，这无形的"面具"正是我给孩子们戴上的！检查已过，"面具"的使命已经完成，孩子们当然要把它摘掉，这能怪他们吗？一连串的问题使我陷入了沉思。是啊，像这样被迫戴上"面具"的学生又何止这几十个。不是吗？我们平时组织学生外出游玩、参观、看演出，甚至上一些研讨课、评优课，为了博得好评，取得成绩，是不是或多或少总要让孩子们戴上"面具"呢？像这样只抓一时不抓平时的教育，不但不会使孩子从中受益，反而使他们学会了说谎、学会了虚伪，这岂不是教育的失误？

那天，我默默地弯下了腰，捡起了撒落一地的文具和书本。望着那一双双充满疑惑、充满童真的眼睛，我在心底暗暗发誓：我决不会再给孩子们戴"面具"了，永远不会。

（案例提供：储明）

于洁建议

检查时大题小做，平时小题大做

很多班主任都在每次检查前认真"教"学生，做好"检"前突击辅导，比如在检查当天一大早搞一次大扫除，关照好学生在问卷调查上不能"乱"写，明明作业很多，也要学生写一小时之内可以完成。

检查的时候，千万不能出问题，这是很多班主任的真实心态。这样的心态，极大地影响了学生。学生们是何等乖巧，嘴里不说什么，行动上却积极配合老师应对检查。于是，检查当天，学生都穿好了校服，教室里干干净净，见到客人老师都礼貌地问好，下课时间也安安静静待在教室里不出来了，往日追逐打闹大声喧哗的现象没有了，问卷调查上形势一片大好……

等检查结束后，班主任和学生都松了一口气，于是，一切恢复常态。

正如文中所述："为了确保'万无一失'，我花了许多时间'教育'学生。因此，这几天他们'乖'了许多。"

这样的"乖"从小学时候就开始，一直到大学毕业，甚至到工作后，还没有结束。一届一届学生就这样被"教育"过来了，很多的班主任意识到了其中的虚假，但是没有深思，只是心安理得地觉得"大家都是这样做的"。

本案例中的班主任却多了一层思考：这"面具"是谁给学生戴上的？像这样只抓一时不抓平时的教育，不但不会使孩子从中受益，反而使他们学会了说谎、学会了虚伪，这岂不是教育的失误？

譬如卫生工作，如果我们每天的卫生都和检查的时候同一个要求同一个规格，那么，检查那天还需要突击打扫吗？譬如问卷调查，如果我们不去"辅导"学生，而是让学生写真话（反正是匿名的），那么真实的情况便能够反馈到上级部门，很多困扰师生的问题（比如学生的课业负担问题）就会慢慢得到解决。

我们在检查的时候举重若轻，大题小做；平时注重常规教育，小题大做，这才是真正解除班主任内心纠结的好办法。就像我们平时教育学生的那样：平时做作业要认真，像对待考试一样；真正考试的时候放松心态像平时做作业一样。

案例中作者进一步反思："像这样被迫戴上'面具'的学生又何止这几十个。不是吗？我们平时组织学生外出游玩、参观、看演出，甚至上一些研讨课、评优课，为了博得好评，取得成绩，是不是或多或少总要让孩子们戴上'面具'呢？"

写到这里，不由得想起陶行知先生的那句名言"千学万学学做真人，千教万教教人求真"，如今看来，果然是至理名言。"真"是"善"和"美"的前提，当我们忙于应付上级的检查，忙于提高升学率的时候，我们竟然给自己、给学生戴上了那么多的面具。

由此，想到教育中的坚守，有一些东西，是需要坚守的，比如教学生求真。

有老师担忧起来，问：我们教学生求真，学做真人，将来他们走到社会上，发现外面的世界光怪陆离，做个老实人会吃亏，他们会不会在心里责怪我们？

做个老实人会吃亏吗？眼前可能会，可是从长远来看，是不吃亏的。这一点，我们可以坦然地告诉我们的学生。

自己做个真人，教会学生求真，是我们一辈子的坚守。

案例 21

我没有关注他的家庭

儿子喜欢看挖掘机轰隆隆上上下下挖土，深秋的一个午后我便带着他到与家一河之隔的工地上现场观摩挖掘机工作。这时，一群满身泥巴的工人说笑着朝我们走来。"姜老师，这是你儿子呀！你带他来玩？"一个工友停下来和我打招呼，我看着面前的这个矮小的陌生的"泥人"，没认出是谁，不会是哪个学生家长吧？于是我只能礼貌地回答："哦，你，你在这儿？""嗯，我在这里打工。"

"黄某，快点，小心晚了，吃不到饭。"人群中传来了一声粗犷而又充满暖意的提醒。"那再见了，姜老师！"说完，他就小跑着去追他的工友了。

"原来是黄某！我竟认不出他了。"我不禁自言自语。看着他远去的背影，心里的酸楚、爱怜无以复加，往事清晰地在我脑海里打转。

那是 2007 年 5 月底，我刚歇完产假，接了黄某所在的那个班。领导为了照顾我，第一个星期只是让我跟着原来的班主任杨老师熟悉班情，不用上课。第一天上班，中午我就见杨老师带着一个眉清目秀的小男孩进了办公室，他手里拿着笔和试卷。随后就听见杨老师严厉而又诚恳地教育他说："黄某，你是我们班最聪明的孩子，你双休日怎么连作业都不做了？为了掩人耳目还跑到小卖部补作业！"小男孩低垂着头，两只手局促不安地搓捻着衣角，一声不响。这是黄某给我的第一印象。不久就放暑假了，一个月的时间我只是大致认识了那个班的44位学生。暑假过后，他们就上初二了，学校拆了一个班，我又接了那个班的几个令人头大的孩子。这几个孩子能量太大了，逃学、打架、破坏公物、欺侮同学、偷家里的东西……初二一年我几乎所有的精力都花在与这几个孩子周旋上了。这段时间黄某除了时不时周一交不出作业外，似乎没有其他陋习了，而且他的成绩在班里还是名列前茅的。

  上初三后，我的工作重心也转移到了学习成绩上来。我开始关注黄某，发现他一个暑假消瘦了很多，其他孩子尤其是男生个子像竹笋一样节节拔高，而他还是那么弱小。我从他那收废品的爸爸口中得知，他们夫妻在闹矛盾，他妈妈好长时间不回家了。随后我联系了他妈妈，她向我诉说了她自认为的婚姻中的种种不幸，去意已决，不可能再回归原来的家庭了。清官难断家务事，我也只能规劝，希望他们再委屈一年，等孩子中考完了再说。虽然他们夫妇口头都答应我了，但也只是应付敷衍我而已。因为我经常看不到家长的签字，家长会也从来见不到他们的影子，有时电话也打不通。鉴于这种情况，我只能把希望寄托到孩子身上。我找孩子谈心，黄某告诉我，他每天回家都没晚饭吃，经常是拿父母给的一点零钱在外面买点面包之类的吃吃。周六周日就到开杂货店的舅妈家去。

  这是他家里的事情，我能怎么管呢？我只能冠冕堂皇地给他讲一些穷人的孩子早当家，男儿当自强等大道理给他听。可黄某周一的作业渐渐地经常不交了，后来到了初三下学期，他周一经常不来学校，我联系他父亲问怎么回事，他父亲也茫然地回答我，他也不知孩子的去向。随后就是我以命令的语气叮嘱父亲去找儿子，等到周三或周四孩子又来上学了。所有任课老师都对他摇头叹息，我作为班主任只能苦口婆心地耐着性子教育、开导，孩子却总是沉默不语……周而复始，办公室的同事也都说我仁至义尽了，顺其自然吧！慢慢地我开始厌倦了，对他们一家子都失望了！黄某的确是一个天赋极好的孩子，但由于旷课过多，中考他没考上高中，只差了3分！我也只能为他扼腕叹息。

七月中旬的一天学校打电话给我，说黄某要到招生市场补录。由于联系不上他的父母，我只能晚上去他家里。

七拐八拐，我终于在一座古老而又破败的民房前停住了脚步，在他父亲打开那扇简易的木门的一霎那我惊呆了，屋里杂乱不堪，还有股味道扑鼻而来。黄某又不在家，我站在门口说明来意后，他父亲说能考上高中他拼着老命也供他，考不上高中，什么学也不上了。我又劝说了一会儿，依旧没效果。难闻的味道夹杂着闷人的暑气迫使我有种立刻逃离的欲望。

回家的路上，我就开始为这个孩子感到惋惜，这么聪慧的孩子就生长在这样的家庭中！我在他家门口5分钟都感觉承受不了，孩子怎么能整天生活在这里。我终于理解了他为什么双休日要跑出去了！我开始为自己的失误内疚，为什么不早点家访，为什么总是居高临下地教育他而自始至终都没有站在他的角度为他考虑？毕竟他只是一个孩子呀，为什么要他承受那么多呢：父母不和，家庭贫困，内心孤独……其实当时如果我能体察到这些，把他的情况告知学校，当时我校退休教师有一个"夕阳红爱心团"，有些空巢退休教师愿意领一些有特殊情况的孩子回家提供免费食宿的。或者我收留他一两个月,他能多考3分。就因为我的粗心我的怕麻烦,耽误了一个孩子……

(案例提供:姜燕)

于洁建议

不要只关注学生的成绩

记得有一次进山,看到一个山民正在用一个铁耙子,仔细地把每棵树周围的厚积的落叶耙松,看看那几棵树,长势都很好,并没有什么病态,问他,答曰:"等有病了再去关注它就来不及啦,平时也要关心的,给它松松土,透透气,树也有灵性的,它知道你在关心它的。"

平时也要关心的,这句极其朴素的话其实道出了教育中很重要的一个原则:教育不可三天打鱼两天晒网,教育不可一日曝十日寒。

由此我想到,在班主任工作中,我们经常可以发现这样的现象:当一个学生的成绩呈现退步趋势的时候,很多班主任很快就关注到了,于是会很快采取行动,一般是采用找学生谈话的方式,询问退步的原因。如果学生沉默不语,很多班主任就认定是由学生态度不端正、分心、贪玩等原因造成的,于是教育再教育。当班主任了解到是由家庭变故造成的,又开始觉得惋惜,然后是无奈,再然后是觉得无能为力,最后讲一些穷人的孩子早当家，男儿当自强等大道理。

文章结尾处描述的黄某家庭的真实情况让我们心痛不已，而这些真实情况，是老师和黄某相处三年都完全不知情的。

现在，我把案例中这个孩子的变化和老师的做法罗列下来，我们就可以清楚地看到问题的症结了。

一、初一——班主任武断下结论，学生选择沉默

我们看到原来的班主任的做法："黄某，你是我们班最聪明的孩子，你双休日怎么连作业都不做了？为了掩人耳目还跑到小卖部补作业！"小男孩低垂着头，两只手局促不安地搓捻着衣角，一声不响。

"你双休日怎么连作业都不做了"这是个问句，但是教师说这句话的用意却不在于追究不做作业的原因，更多的是表达内心的愤怒，带有斥责的意思，属于无疑而问，也许教师内心深处已经自己给出了答案："你以为自己聪明，所以就贪玩了，就偷懒了，就不做作业了！""为了掩人耳目还跑到小卖部补作业！"这一句的言外之意更加明确了——"你的小聪明都用到歪地方去了！"

从班主任的这一段话中，我们看到老师完全没有去研究黄某不做作业的原因，而是武断地下了结论，用训斥的口气结束了谈话。

我们也发现，黄某没有做任何的解释，他低垂着头而且局促不安，我们可以看出这时候的黄某对于不做作业还是惴惴不安的，他选择了周一到学校补做作业。也许他的内心还有些犹豫挣扎，要不要把家里的环境告诉老师。可那样的环境又是如此羞于说出口，更何况，老师正在气头上，这

样说会不会反而让老师觉得自己在找借口呢？于是，黄某选择了沉默。

如果班主任能够及时了解黄某的家庭环境，赞扬他能够及时补做作业，并且想办法安排他周末到一个环境比较好的地方去做作业，比如图书馆，比如同学家等，那该多好。

二、初二——成绩优异的他再次被忽视

很可惜，初二时黄某名列前茅的成绩让新任班主任又一次忽视了他。"这段时间黄某除了时不时周一交不出作业外，似乎没有其他陋习了。"我们发现黄某不交作业的频率在增加，但是没有引起班主任的重视，也许班主任觉得反正他成绩名列前茅，就算不做作业也没有什么影响，所以，班主任没有放在心上。

其实，几乎每个学校、每个班主任都会有这样一个习惯，把一些学生圈定为重点培养对象，这些学生就是所谓的特殊学生，一般是容易出事或成绩很差，班主任的大量精力花费在和他们斗智斗勇上，拉锯战从接班开始进行到他们毕业。其中有的学生被转化了，有的还是老样子，有的更差了。无论是怎样的结果，他们都是班主任十分关注的对象。

还有一些学生是所谓的"免检产品"，"免检"的依据就是忠厚老实或者成绩优异。有很多人认为班主任总是顾两头（尖子生和"双差生"）而忽略了中等生，其实不然，有很多成绩优异的学生在成绩以外也是被忽略的。黄某就是其中之一。

三、初三——迟到的关注

我们经常发现很多班主任在初三的时候特别关注起尖子生来。众所周知，中考时，衡量一个班级成绩优劣、一个班主任带班业绩最重要的就是看这个班级有多少人考上了重点高中。于是班主任开始了这样的带班策略：重点关注尖子生，增加能考上重点中学的人数；查看中等生中有无可以提高成绩的学生，要是能够拉上去几个那就更好了；对于从前一直重点关注的"双差生"，成绩可以忽略了，反正水到下游无力回天了，那就来个维稳，确保他们不要出事就好。

在这样的策略下，黄某终于成了重点关注对象。到了这个时候，班主任才发现，他已经不仅仅是经常不交作业的问题了，他还经常旷课。

"所有任课老师都对他摇头叹息，我作为班主任只能苦口婆心地耐着性子教育、开导，孩子总是沉默不语……周而复始，办公室的同事也都说我仁至义尽了，顺其自然吧！慢慢地我开始厌倦了，对他们一家子都失望了！"

真的很遗憾，班主任老师只是教育和开导。这样的教育，只停留在语言上，没有任何实质性的进展。

我曾见到过工人给墙壁刷涂料，最重要最花时间的一道工序，不是刷新的涂料，而是用砂皮磨掉老的涂料，这样才能真正把新的涂料牢牢地刷上去。

班主任和学生的交流互动，也是如此，如果不了解学生的深层次的问题，仅仅是言语表层的"涂刷"，班主任自己以为已经尽心尽力了，其实用不了多长时间，这些表层的教育就会"脱落"。一次次地重复"涂刷"，到最后班主任筋疲力尽,学生也习以为常了。

这样的无用功也许每天都在进行着,遗憾的是又有多少老师能够像案例中的老师那样有真相大白的一天呢。很多老师都觉得自己已经仁至义尽、问心无愧了。

姜老师是个好老师,在这篇文字中,她发自内心的怜惜与内疚,让我们也为之动容。她没有把失败归因到黄某父母的身上,而是看到自己本来可以更有所作为,可以更全方面地去了解这个孩子的苦痛,可以通过一定的努力来改善这个孩子的学习环境。有时候,我们的确不能夸大教师的作用,可是有时候,我们教师做得更多一些做得更好一些,是真的可以改变一个孩子的一生。

除了语言上的教育,我们再用手去拥抱一下学生吧,再用脚去走访一下学生的家庭吧,我们的教育场所,不仅仅是在教室与办公室,我们要关注的,不仅仅是学生的成绩。

案例22

用非常规教育法制服寻衅滋事学生

在上活动课的时候,平时经常欺侮同学、经常出入政教处接受批评处分的三个初三男生趁老师不注意,群殴了同班同学中性格比较懦弱的一个男生小明,幸好没有造成严重的伤害事故。我认为,这三个男生，用正常的教育手段已经毫无作用，送到政教处最多给个警告、记过的处分，学生都知道，到快毕业的时候一般都会给他们撤销，所以政教处的处分已经没有多少约束力。我决定用一种非常规的教育手段来教育他们，于是与小明父母联系好，让他们多带几个人，到学校警告那三个欺侮人的男生，和家长说明，警告的时候可以凶悍一点，但不可以真正动手打人。家长在场时，我回避，只当不知道这件事情。结果，这招非常有用，接下来的一段时间，三个爱寻衅滋事的男生都有所收敛，整个初三阶段没有再找小明的麻烦，使小明能够安心学习，如愿以偿考上了重点高中。

看来，对这种爱寻衅滋事的顽劣分子，用学校正常的教育方法已经无效的学生，只能用非常规教育法来制服。

可是学校里也有老师说我的做法是完全错误的。我很困惑：我的方法不是产生了良好的效果吗？

（案例提供：佚名）

陈宇建议

教育需要真正的智慧，而不是不择手段

看了这位班主任带着踌躇满志的心情书写的案例和反思，我一声叹

息！了解我的老师都知道，我做教育是最不喜欢按常理出牌的，但是面对本案例中的"非常规"，我还是惊呆了——这不是教育，不是出奇制胜，而是旁门左道。学校和班级不再是育人场所，而是一个江湖，完全看不到教育的踪影，却充满了以大欺小，以暴制暴——同学欺负同学、家长威胁学生，班主任作壁上观。

当然，我们不是说要对学生的这些恶劣行为一味容忍，不能教训，相反，对班级中存在的恃强凌弱的行为应该予以坚决的遏制和打击。但是，做教育一旦大方向错了，方法越精妙、有效，危害越大。

一、以暴制暴，不可取

文章的标题就充满了"杀气"。这位班主任是在铤而走险，试图险中求胜，而且我明显能感觉到作者对这次冒险成功的自得。标题看似小事，实则反映了作者的心态，说不客气点，他把班主任教育人这件事当成了危险的游戏，以制服学生为目标。

班主任在做违法的事还浑然不觉。在案例中，作者俨然是运筹帷幄的老大，自己不出面，让家长扮演打手，还要表现得"凶悍"一些。虽然没有动手，小孩子估计已被吓得屁滚尿流了，从此"收敛"了许多（不是被教育转化了，而是被吓住了）。作者利用成年人威胁恐吓未成年人以达到所谓的"效果"，真是无所不用其极。这不是一名受过职业训练的教师应有的行为。

不可否认，学生群殴同学，无论有无酿成严重后果，都是性质比较恶劣的违纪事件。这不同于两个学生打架，教育一下就完事了。因为这样的情节很可能会继续发展,故而教师应果断采取行动。班主任对此应首先向学校汇报,然后会同学校有关负责人分别调查了解事情真相,对违纪学生严肃处理,当然,在整个过程中包括处理后,持续的教育是必不可少的。这本是非常正确的处理步骤,但是却被本案例中的班主任弃之若敝屣,理由是这种方法不够巧妙、毫无用处。班主任自恃聪明能干,不按常理出牌,跳过学校,自行处理,看似大胆、巧妙,实则隐藏着巨大的危险,如果不加以深思反而还扬扬自得的话,这次不出事,将来一定会出大事的。

班主任必须清楚一点,越是后果严重的事件,处理必须越规范,越不能剑走偏锋,这不仅涉及学生的利益和安全,对班主任自己也是一种保护。

同时,我们在案例中完全看不到这位班主任对学生的教育,至于说"爱学生"什么的,更是完全没有。我看到的是老师把违纪学生看成了"坏学生",用极度厌恶的笔调描述着他们。我们看不到正常的师生关系,而是活脱脱一副"治坏人"的场面。可能这些孩子确实不好,让老师颇为头痛,但他们毕竟还是学生。如果他们的违纪行为超越了学生的范围,自然有其他机关和相关法律处理,但只要他们还在学校,就是我们的教育对象,而不是打击对象。更何况,他们都还是未成年人,即使"群殴"了同学,犯下严重的错误,也不至于罪大恶极。

最令人担忧的不是老师把那三个孩子怎么样了,而是老师在字里行间流露出的对"坏学生"发自内心的厌恶和鄙视,令人不寒而栗,因为老师已经从内心深处就把他们否定了,所以,等待这几个孩子的,不是教育和关心,而是冰冷的江湖规则、弱肉强食的丛林法则。别忘了他们都是我们的学生啊!如果你的孩子被老师这样看你会怎样想?

在案例中,班主任俨然是一个善于幕后策划,可以对自己的学生痛下狠手的人，家长则成为其达到"教育效果"的帮凶。文章中提到了小明安稳地读完了初中，但没有说那几个孩子后来怎么样了。学生并没有得到任何教育，他们"有所收敛"的原因仅仅是有比自己更剽悍的人而已。我们不知道那些被威胁的孩子怎么想，恐怕还是会觉得自己不够厉害吧。教师的这种示范，只会让他们对弱者更凶狠，只是手段变得狡猾一些而已。

二、他们为何对"以暴制暴"如此感兴趣

为什么一些班主任，特别是年轻的男班主任对"以暴制暴"这种所谓的"超常规"方法感兴趣，甚至作为治班的利器呢？我分析有这样几个原因。

首先，出于"有效管理"的动机，"以暴制暴"能治住这些不良少年，所以教师乐于采用。

其次，这样做比较简单，不需要做深入的调查了解和营造良好班风等复杂劳动，也不需要对这些问题学生做大量的思想工作，用极端的方法把他们"镇住"就完事了。

再次，和一些"老教师"的言传身教有关。我不止一次地发现一些"有经验"的教师会对年轻教师指点江山、面授机宜，让一些错误的理念和做法一代一代地传了下来。

最后，与班主任个人经历和接受的各种影响有关，比如喜欢看武侠小说等影视作品。一些年轻班主任自己就比较喜欢江湖老大的做派，在班级里以帮主、老大自居，甚至喜欢学生称自己为"老大"。

我们可以将与本案例相类似的行为，包括利用"霸王学生"做班长管

纪律等做法归为一类，那就是"以暴制暴"。无论出于什么考量，教育都不应该提倡这种剑走偏锋的做法。我们不反对班主任在教育学生时采用一些超常规做法，但是其出发点必须是正确的，是基于对学生成长的真切关注。班主任要领着学生走正道，让他们学会正常地处理学生之间的矛盾。记住，我们在给学生做榜样。我们不能以"现在社会就是这样"为借口，让学生学会"混社会"的江湖法则。我们要告诉学生一个人真正的强大并不表现在外表，而在于内心。

有一句名言我们耳熟能详："教育的本质意味着：一棵树摇动另一棵树，一朵云推动另一朵云，一个灵魂唤醒另一个灵魂。"但很多人不知道，这句话的后面还有一句："在这种教育中，教师不是抱着投机的态度敷衍了事，而是全身心地投入其中，为人生的成长——一个稳定而且持续不断的工作服务。"

三、如何教育转化班级中的"霸王"学生

如何教育转化班级里的"霸王"学生，一直是个难题。"霸王"学生与学生个人所处的家庭环境、社会环境以及性格有密切的关系，特别是社会不良风气以及媒体中大量的负面新闻报道，对学生的心理影响较大。

教育，是为了让人更有人味而不是远离人性，更何况，即使在动物界也有呵护、友善、共生。很多儿时的"恶劣行径"会随着人年龄的增长、接受的教育增多（包括一些教训和惩戒）、个性心理的发育完善而渐渐消失，这正是教育和自我教育的结果。教会学生如何在激烈的竞争中保持人格的独立与完善，成为一个高尚的人，是我们教育工作者义不容辞的责任。这些，

都不是通过"以暴制暴"的教育方法能带给学生的。

那么，我们该怎么做？

第一，让参与群殴的同学受到处理，得到教训，但不是教训完了就算了，后续的跟进更为重要。这些孩子的不良行为一定有其家庭、社会和心理背景，要找出他们的病根进行有针对性的教育。学校是教育人的地方，"绳之以法"之后，依然要对这些学生予以关心和帮助，尽我们所能转化、帮助他们。

第二，在班级里树正气，让强大的集体氛围保护弱者，这是对付"霸王"学生最好的方法。班级里为什么会出现欺负同学的学生或小团体？一方面是因为这些孩子的蛮横、强势，另一方面也是因为同学的忍让。学生害怕报复、不信任班主任能为其撑腰，对恃强凌弱的行为敢怒不敢言，是助长这些坏学生嚣张气焰的重要原因。一句话，班级里没有正气了。明确了这点，班主任就可以展开有效行动了，包括组织各种活动，广开言路，利用班主任的权威，在班级里提升正气，要让班级里的所有学生都意识到邪不压正的道理。

第三，要教会体力或性格上偏弱的孩子如何保护自己、如何变得强大，包括自立自强性格的培养。其实我们都知道，在绝大多数情况下，学生是因为不知道怎么独自面对这些情况而导致事情恶化，所以班主任要把处理这类问题的正确途径告诉学生。

所以，不是没有教育方法，而是那些教育方法需要用心去想、去做，而且坚持去做。我们要先问问自己做了什么、做了多少，再下"教育无效"的结论。他们都是学生，有什么教育不过来的呢？如果真的教育无效，那么也有升格处理方式，也有相对应的机构处理这些学生。

一句话总结——教育需要看到效果，但出发点必须是正确的，教育需要真正的智慧，而不是不择手段。

案例 23

他就这样自暴自弃了

张某是我们所有老师都认为头脑聪明、反应和接受能力很强的有潜力的学生，他是我们教育教学的重点培养对象。我们全体任课老师都对他充满了信心和期待。

但是新学期开学后不到两个星期我就发现问题了：张某上课爱开小差，经常走神，作业出现迟交或少写等一些现象，甚至到后来上课时他哈欠连天，精神萎靡不振，作业也不写了。通过与其他学生的聊天谈话我才知道，原来他在初二的暑假里迷上了网络游戏，开学后，几乎天天上网打游戏，有时甚至通宵达旦地玩。

了解情况后，我多次找他谈话，谈了沉迷于游戏的危害，学习对他的重要性等。我也请他的父母对他进行批评教育。可是事后他依旧我行我素，没有收敛，没有改观，甚至还越来越严重了。很多任课老师向我诉苦、告状，我每天都听到关于他上课睡觉、作业不做等恶劣行径。

当所有的措施和办法都没有效果的情况下，当我又看到他在我的

> 课堂上睡觉时，我终于再也忍不住了，火冒三丈，狠狠批评了他，当时讲的一句话让我后悔至今："你不想学就回去，反正你也不想考高中。"他竟然真的毫不犹豫地收拾书包走了。
>
> 在初三最后的时间里，他看见我要么低头走过，要么绕道而走。初三毕业后，他上了一所职业学校。
>
> （案例提供：刘爱华）

于洁建议

教育不是过家家

老师们通常对成绩优异的孩子寄予了极大的希望，学生们如果没有跟上老师的节奏，老师是不是就会特别失望以至于火冒三丈呢？

张某就让他的班主任火冒三丈了。

一、说气话并非偶然

我们先分析一下班主任为何火冒三丈。

第一，是觉得自己看走了眼看错了人，班主任曾经以为张某头脑聪明、反应和接受能力很强、有潜力，想不到一个暑假过后判若两人，痴迷网络游戏、上课睡觉、不做作业，班主任心头涌起的是深深的失望。

第二，是因为对张某进行批评教育之后他依旧我行我素，没有收敛，没有改观，甚至越来越严重了。在很多任课老师告状和诉苦之后，班主任的心情变得糟糕起来。

第三，是当所有的措施和办法都没有效果的情况下，当又看到张某在自己的课堂上睡觉时，班主任终于再也忍不住了，火冒三丈，狠狠批评了他。那个时候，班主任已经是无比愤怒了，已经对张某完全绝望。

由此可见，班主任说出这句气话，绝非偶然，而是不良情绪一步一步累积到最后的必然结果。

二、不能随意说出口的气话

人非圣贤，孰能不气？班主任生气也是正常的，只是，班主任不可以随意说气话。

班主任说了句"你不想学就回去，反正你也不想考高中"。张某竟然真的毫不犹豫地收拾书包走了。班主任只是逞一时口舌之快，只为倾吐内心的愤怒与失望，想不到张某却真的走人了。

本身是处于叛逆期的孩子，加上沉迷于网络对学习不感兴趣，老师对自己的厌恶之情张某也了然于心，与其无趣地待在班上，不如自己识趣地走，省得自己每天被批评弄得面子全无，这也许是张某内心的想法。

班主任的气话也让自己下不了台了，看到张某真的收拾书包走了，班主任也抹不下面子，总不见得自己再去把他请回来吧。他自暴自弃，怪不得老师，老师也仁至义尽了。这也许是班主任和任课老师们内心的想法。

只是，让班主任感到不安的是："在初三最后的时间里，他看见我要么低头走过，要么绕道而走。初三毕业后，他上了一所职业学校。"

看到这里，我们也不由得有些心情沉重：这孩子真伤心了。

三、班主任如何管理自己的不良情绪

这个案例值得我们思考的地方有很多，我想就其中的一点来谈，那就是班主任究竟该如何管理自己的不良情绪。

1. 学会宣泄

班主任每天要面对很烦琐的班级管理工作，难免会产生各种不良情绪，如果不采取适当的方法加以宣泄和调节，对身心都将产生消极影响。因此，如果遇到不愉快的事情，不要压在心里，要学会向知心朋友和亲人说出来或大哭一场。这种发泄可以释放内心的不良情绪，对于人的身心发展是有利的。当然，发泄的对象、地点、场合和方法要适当，绝对不能选择学生作为发泄自己不良情绪的对象。

2. 语言节制法

在情绪激动时，自己默诵或轻声低语"冷静些""不能发火""注意自己的身份和影响"等词句，抑制自己的不良情绪。建议班主任对自己有一个底线要求，那就是绝不让自己在班级里和一个学生当面发生冲突，有什么事情课后再谈。经常性地提醒自己他还是个孩子，不能和他太斤斤计较。

3. 愉快记忆法

可以采用写书信的方式回忆从前张某在自己记忆中的美好形象，用愉

快和赞赏的口吻表达自己对记忆中的张某的怀念，激发学生内心深处向上的一面；也可以在学习之外寻找张某的优点，不让自己一直盯着张某的学习成绩，不因为他目前的不良表现而否定这个人。这样写书信的过程，就是展示班主任内心最柔软的一面的过程，把内心深处对张某的期待和目前的失望情绪展现出来，让张某看到班主任人性的一面。这样的书信递到张某的手里，由于书信的可保留性和可反复阅读性，比一些言语上的教育效果要好很多。

4. 环境转换法

有很多班主任习惯在课堂上揪住一个学生不放，比如有学生在课堂上睡觉、讲话、做小动作等，班主任停下课堂教学而进行只针对一个学生的行为习惯教育，既浪费了全体学生的学习时间，又让被批评的学生觉得失了面子下不了台。如果学生死要面子，犟脾气发作起来，那更是无法收拾。比如案例中的张某一转身走了，下不了台的反而是班主任。所以，当班主任看到张某上课睡觉的时候，即使心里十分愤怒，也要控制情绪，不如任由他睡觉去，自己照常上课，等下课后再做处理。

5. 保持达观态度

古人云："人有悲欢离合，月有阴晴圆缺。"生活中哪会有十全十美的事呢？何况，我们这些班主任每天面对的就是不断变化着的学生，就算是全国优秀班主任，他的班级里也不是波澜不惊的。真正优秀的班主任，就是在面对班级问题和问题学生时仍能冷静思考，找到最好的解决途径。

做班主任，真的是一种修炼。在日常生活中我们要管理好自己的不良情绪，不要带上很强的功利心，多看到学生的长处，而不是揪着一点不放，以一种平和的心态去对待每一个学生。

CHAPTER

第七章

学生干部出问题

教师在选择班干部这件事上必须慎之又慎，一旦班干部发挥不好的作用，他的破坏性是很大的，直接影响到一个班级的风气。班干部必须由班主任主导，是班主任在经过仔细考察后确定的，而且在任用机制上必须留有后路，要有准入制、试用期，能上能下。任免班干部，要用制度，不是教师一个人说了算，教师要想办法把自己的意志用制度的方式呈现，以法治班。班干部需要教师的培训，方能成为教师的左膀右臂。

　　对学生的民主教育不是很简单的事，需要班主任高屋建瓴，循序渐进地进行。无论是小学、初中还是高中，我们需要的是真正的民主，哪怕是民主意识的萌芽。因为，未来我国的民主进程，取决于当下我们对学生的培养。培养具有真正民主意识的公民，教师责无旁贷。

案例 24

"刺猬"班长让我流泪

我是一位刚参加工作的地理教师,也是高一的班主任。同学们对我的评价是:亲切负责,有耐心,但也有好心的同学提醒我平时应该更严厉一些。我的自我评价是:有满满的爱心、足够的耐心,有创新想法,但毫无经验,能力不足。

最近我们班的班长,也是英语科代表,状态不是很好。我好几次找他聊天,询问他一些事情时他总是爱理不理,表情十分不屑。我问他怎么了,他说不喜欢现有的教育状况,然后一句话也不说了。我尽量站在他的角度,耐心地跟他探讨这个问题。每一次跟他聊完,我都有种很累的感觉,觉得他不尊重我,我想也许是他心情不好的原因。我又找他的同桌聊天,希望平时多鼓励、开导他。我还找科任老师了解他上课的情况,他们都反映他没什么异常。

当我让班上没有交地理作业的同学及时补好再交上来时,他说他不想做作业,原因是他不想学政治、地理。经过我的反复劝说,他最后才勉强同意以后正常做作业。

上周五的计算机课,计算机老师告诉我有几个同学没去上课,其中就有他,其他同学都表示知错了,也愿意接受惩罚。但我在跟他们说话时,他依然手里端着一碗米线大口吃着,对我的感受毫不在意。

我连续提醒了他至少5遍他才非常不满地放下筷子。我罚他们做楼道里的清洁。其他同学都认真做，可他心不在焉。我让大家在地上浇点水，这样可以打扫得更干净，可他竟把一桶水全部从楼梯上倒了下去。我说："你怎么不考虑后果？这么多水全倒了，一时半会儿怎么弄得干净？"他说他负责弄干。到后面做得差不多的时候我让其他同学都回教室，让他继续把水拖干后再回去，但他也回到教室后就不再出来。我于是到教室里叫他，他又是爱理不理的。我叫他出去继续拖地，他说他认为已经干净了，不肯出去，我坚持要他出去。那一刻，我能感觉到我最后的耐心就快用完，怒火在我心中乱蹿。我想象着自己走到他面前把他一把拉出教室的情景。就这么僵持了好一阵，最后他还是出来了。

经过这么几个来回，我感觉自己的心情很不好。我努力地调整自己，但还是不行。如果这个学生非常坚决地跟我较劲，我觉得我还好处理一些，但他那种爱理不理的态度让我难受。

今天早上我又找他聊了一次，我问他到底想怎么样，他说他不想怎么样。我说："我是关心你才找你聊天的，逃课是违纪行为，我是对事不对人。"他却认为计算机老师讲的他都会，所以没有去的必要，他认为自己没错。我跟他说我的感受，我觉得他不尊重我，问他为什么。他后来只淡淡地说，他觉得做班主任就应该有做班主任的能力。我说："你可以保留这个想法，但你无论如何都应该尊重我，应该遵守学校规章制度。"然后我让他回教室了。

他走后，我的眼泪唰的一下就流下来了。我觉得很委屈，很伤心，有种无所适从的感觉。

> 作为班主任，遇到这样的学生，我该怎样处理呢？
>
> （案例提供：佚名）

陈宇建议

威信不是靠说出来的

这个案例给我们的启示有很多，概括起来有这么几个。

一、年轻班主任如何把握好和学生相处的度

年轻既是一种优势，也是劣势。年轻、亲和，部分学生以为教师好欺负，不怕；年轻、威严，部分学生会认为老师会"装"，产生疏远的感觉。年轻班主任必须过家长和学生的信任关。年轻而显得威信不够是硬伤，对此比较合适的应对办法是：

第一，以年轻为优势与学生建立良好的关系，经常和学生沟通交流，开展活动，让班集体变得更有活力。

第二，以制度帮助班主任树立威信。班主任要发扬民主精神，和学生共同协商出一系列班级管理制度，让大家都能参与到制度的建设中来。有了制度，无论谁做班主任，班级管理都以制度为准而不是看班主任是什

么人。

第三，班主任要通过反复的教育和示范，告诉每一个学生，在不同的场合不同的时间，教师和学生的关系具有可变性。有时候是师生关系，教师必须得到绝对的尊重；在另一些场合，教师和学生是朋友关系，可以无所不谈。亦师亦友的关系是最佳关系，但是，学生往往把握不了这个度，需要班主任的示范和主导，班主任可以用具体的场景和案例告知学生，在什么场合大家可以放肆一些亲密一些，在什么场合大家要表现出纪律严明的状态。

二、如何任命与培养班干部

班主任在选择班长这件事上必须慎之又慎，一旦班长发挥不好的作用，他的破坏性是很大的，直接影响到一个班级的风气。我认为第一个班长必须由班主任主导，班主任应在仔细考察后确定人选，而且在任用机制上必须留有后路，要有准入制、试用期，能上能下。任免班长，要用制度，不是班主任一个人说了算，班主任要想办法把自己的意志用制度的方式呈现，以法治班。

班长还需要经过班主任的培训，方能成为班主任的左膀右臂。案例中的这位班长，连班主任都搞不定他，他只会给班级管理带来阻碍。班主任找他聊天的内容很关键，班主任不要泛泛而谈，而是要把怎样做好班长的方法教给他。学生讨厌空洞的说教。另一方面，如果班主任每次都以同样的方式和学生聊天，会让学生错误地认为班主任在讨好他，拿他没办法。对此，我有两个建议：

第一,当他第一次表现出不屑时,就立即撤掉他,并向学生陈述理由。不过这招比较冒险,可能会引发其他学生的不满。

第二,不要空泛地聊天,而是布置具体的任务让班长去完成。完成得好,大力表扬,在班级里树正气;完成得不好,或存心捣蛋,就撤掉他。让学生们都明白,我们需要一个什么样的班长。班主任要会用人,个性强的人能力往往也强。这样的学生往往自恃自己的能力而不把班主任放在眼里,那就让他用事实来说话。只要班长能很好地完成任务,能带着同学进步,就要及时肯定,与班长对班主任的个人看法无关。其实,班长只要能在班主任的安排授意下很好地完成任务,本身也就增加了班主任的威信和师生的感情。也就是说,班主任要用博大的胸襟征服班长,让班长在工作中证明自己的实力。

三、年轻班主任与学生沟通过程中容易产生哪些问题

1. 班主任自身的问题

年轻班主任特别在意学生对自己是否尊重,这方面比较敏感,其实是底气不足和没有自信的表现,这需要用时间和阅历来弥补,急不得。同时,要尊重学生的独立思想,不能认为学生不听老师的建议就是不尊重老师这个人。

比较好的方法是,绕过他的这个心结,转而谈论其他问题,不要强迫学生听自己的,每个人都可以保留自己的想法,班主任只需控制他的行为即可。班主任找到和学生的共同点(比如兴趣、爱好)去切入可能效果会好些。师生之间有那么多共同点,为什么非要揪住这个不同点不放呢?你

越是想说服学生一定要听你的,越是会激起他的逆反,进而造成了师生关系紧张。其实,他的这个观点本来并不影响你们的关系,但是,你却把他对一件事的看法转移到了对你这个人的看法上了。你自己把自己推向了学生的对立面,这是很不明智的。求同存异的理念,在和学生相处中同样适用。

2. 学生的问题

该同学不喜欢也不擅长地理,偏偏班主任是地理老师,这也是导致师生冲突的原因之一。对于一个自负的学生来说,把自己的短处暴露在班主任面前是很丢人的事,他很在意这一点,于是找借口称自己不想学政治、地理,痛恨教育制度,其实是自己学不好又不愿意承认,于是一直找机会发泄不满。

关于作业问题,其实不需要多聊,完成作业是学生应尽的义务之一。班级应该有关于作业管理的制度,一班之长不能带头不遵守班级规定。班长是一个班级的风向标,如果班长都可以不交作业,那么其他同学会怎样?班主任必须很明确地指出,班长不是普通的学生,是班级里的公众人物,自己的想法可以保留,但是其行为必须与班长的职务相称,否则就不能担任这一职务。如果他不能遵守班规,应顺势撤掉他的班长职务。对这样的学生最好的办法就是就事论事,按章办事,如果说道理,可能他比你还能说。能言善辩是他的强项,班主任要避开他的这一强项,以事实说话,按规则办事。

他在计算机课前课后的表现,很耐人寻味,班主任需要冷静地思考他为什么要这么做,而不是简单地生气。如果班主任被他激怒了,可能正中他的下怀,班主任就被学生牵着鼻子走了。我个人认为他依然在向班主任示威。他的个性很强,越是在这种场合,越是要显示他的个性。如果换了我，我会把他晾到一边，让他自己吃米线去，转而和其他同学很温和并且带有一点欢快地交谈，让他能感知到谈话的轻松愉快的气氛但又不清楚我们在谈什么。忽视他的挑战，让他感觉到无趣，把他从一个群体中分离出去，先解决其他人的问题。其他人的问题解决好了，再平静地问他："你吃完了吗？如果你吃好了，请你先把餐具收拾好了我们再谈。"

对于班主任罚同学们做楼道里的清洁工作一事，看着让人揪心啊！班主任做到这个份儿上，心里肯定很无奈吧。我想，年轻班主任，包括我自己年轻的时候，也都曾遭遇过类似的情景。典型的针尖对麦芒，班主任的想法是我一定要压服你，因为我是班主任，地位比学生高。说话学生不听，很没有面子，这是班主任愤怒的根源。班主任这一连串的遭遇有一个共同点，那就是她丝毫不让步，把自己逼上了绝路。要知道，学生在做这些事情的时候已经是非常不情愿了，但是毕竟还在做。此时要学会有意识地忽视，给双方一个台阶下，不要对学生的行为穷追猛打，这样只会激化矛盾。

这位老师总是在学生尊重不尊重的问题上纠结，其实是自己心里过不去那个坎。我认为班主任不要一直在学生面前强调这个问题，威信不是靠说出来的。违反校纪的问题不是由班主任定性的，不存在学生尊重老师，就不旷课的问题。要让学生明白，班主任代表的是学校的一级管理人员，你不服从我的管理，在我的身后，还有年级、德育处、学校。如前面已经提及的，在执行校规校纪问题上，不是由什么人说了算。你可以不尊重我，但是，你必须遵守纪律，和谁来做你的班主任无关。

记住，避其锋芒，耐心寻找机会，在适当的时候显示班主任的权威，并且真正地去关心这个学生内心，找出他不尊重自己的原因。找一个时机，大家坦诚地交流一次，不要选在这个节骨眼上。此时，学生已经筑好了心理防线，任你怎么攻也攻不进去。把握节奏很重要，学生并不是时时事事都在和班主任过不去，他的情绪也是变化波动的，在学生不经意的时候进行教育往往能起到出其不意的效果。

案例 25

意想不到的班级民主选举

我做班主任有四五年了，也算做得顺风顺水。在听了好几场班主任培训的报告后，我发现那些专家们几乎都用民主选举的方法产生班级的领头羊——班长，我不禁跃跃欲试。

"老班长"陈某是我的得力助手，初一的时候被我指定做班长，一直兢兢业业，在同学中也有一定的威信，是我心目中班长的不二人选。这次如果他能够通过民主选举，连任班长的话，既实现了我民主选举班干部的愿望，又使陈某在同学中的威信更进一步，最重要的是可以保证班级运转正常，想到这里，我的心里有些小小的得意。

不过，我的心里还是有些担心的：毕竟陈某平时管同学比较多，得罪人也多，万一选举的时候他得票不高，那岂不是伤害了他的工作积极性，又使我的如意算盘落了空？

我想了个万全之策：全班无记名投票，选票直接交到我手里，不当场唱票，选举的结果只有我一个人知晓。这样，万一选举的结果出乎我的意料，我还能有周旋的余地。

我再次为自己的小聪明得意起来。

民主选举如期举行，我回到办公室后，清点选票，统计结果，最后冒了一身汗。

成绩中下，上课时经常与老师顶嘴，作业几乎没有几次是按时完成的沈某竟然以绝对优势胜出，成为票数最多者！真是见鬼了！选举结果如此出乎我的意料，我一下子慌了神。

学生们都等着我公布选举结果，有几个沉不住气的学生甚至在语文课下课的时候大声问："老师，谁当班长啊？"我只好以最近比较忙，还没有来得及统计搪塞过去。可是，我知道这不是长久之计，我必须尽快想出办法。

我绝不能让沈某当班长，他会把班级带得乌烟瘴气的。这是我心里早就有的决定。可是为什么他的票数那么多呢？

真是"众里寻他千百度""得来全不费工夫"，正在我一筹莫展之际，一次意外的"旁听"让我恍然大悟。午饭后经过教学楼与食堂的拐角处，我听见几个女同学在聊天。

"班长肯定是沈某，他在班级里有7个小喽啰，每人再拉拢一两个，就有二十多票了。"

"我觉得陈某好可怜哦，他为班级做了那么多事情，可是最后不能做班长，他一定会觉得很丢脸很伤心的。"

"可是我们不敢去告诉班主任啊。"

"不过我觉得沈某能力还是挺强的，运动会什么的他都很热心。就是他那副吊儿郎当样，老师们都不喜欢他。"

"我们班级以后会变成什么样子啊?"

原来如此!我的班级里竟然有这样的小帮派存在!我惊出了一身冷汗。我一定不能让他们得逞!我要拆散他们!

在班会课上,我宣布,民主选举的投票太分散了,经反复考虑,这个学期班级不采取班委会制度,我们采用"分组制",实行"组长负责下的自我管理制度"。

我采用抽签的方式把全班分成8个小组,抽签的时候我做了一点小手脚,把沈某他们8个人分别安排在不同的组,有两个人还当了小组的组长,小组之间不断竞争,他们也就顾不上拉帮结派了。

虽然这次意外在我的小聪明下化险为夷,可是,从此以后,我有了个恐惧症,再也不敢搞什么民主选举了!

(案例提供:佚名)

陈宇建议

民主之路漫漫,仍需上下求索

班级的民主建设是个很重要的课题,不少班主任致力于此,在实践中也颇有收获。但是,这条路却是很漫长的,需要做大量的工作。有些班主任其实并不是很清楚什么是真正的"民主",搞民主建设需要什么样的土壤,导致在班级管理中经常出现"伪民主",或者在一些民主活动中出现尴尬的局面。本案例中的作者无疑遭遇了这样的尴尬,虽然"化险为夷",但却得了个"民主选举恐惧症"。读罢此文,留给我们的思考还是很多的。

一、民主选举时为何会出现意想不到的局面?

很多班主任都曾经遇到"民主选举"班干部出现意想不到的局面。原因大致有两点。

1. 学生没有民主意识

一个缺乏民主氛围的班级,即使教师给了学生一定的权利(比如选举权),学生也不会用,或者被班里一些"别有用心"的同学利用。投票时,拉票、起哄等各种闹剧就会上演。

解决这个问题的关键,首先要建设良好的班风,在班级里正气要占上风,舆论导向要健康。在没有解决班风问题之前,是不宜进行民主教育的尝试的。其次,班主任要善于引导,培养学生的民主意识,普及相关知识,即使是一次简单的投票,也要很认真地教育学生要用好手中的选票,投给自己认为最合适的候选人。告诉学生选出有威信、正派的班委,对班级的每一个成员都有益;选出不合适的班干部,对全体学生的发展都不利。教育到位了,再开始投票,效果就会好得多。

2. 缺乏完善的规则

民主选举要事先制定较为完善的规则,把可能出现的情况考虑周全,防止出现意外状况。比如,很多班主任喜欢的"海选",问题就很大,没有任何门槛,看似民主,实则有"无政府主义"之嫌。其实这个问题也好解决,班主任如果事先预料到可能会出现问题，又不想放弃民主的做法，完全可以先做"初选"，如果出现问题，可以进一步修订规则弥补，避免一步到位。设置一定的条件，实行"准入制"也是一种办法，比如成为班长的候选人首先应该具备哪些条件，这些措施都有助于"防患于未然"。

出了问题再去想办法补救，班主任就陷入了被动。班主任在做事之前就应该考虑周全，避免"尴尬"。

二、出现了不符合班主任意志的"民意"该怎么办

我们要讨论的下一个问题是，如果出现了不符合班主任意志的"民意"，该怎么办？案例中班主任的做法是"推倒重来"。虽然后来运用的方法似乎很成功，但是，这件事从一开始就已经背离了"民主"，变成了班主任的一言堂，是典型的"伪民主"。学生投票的结果不算数，那还要投票干吗？符合班主任的意志就通过，不符合就宣布作废，很不妥。我们暂不讨论后续方法的运用是否精妙，只关注班主任在处理这件事情时的做法。如果班主任觉得学生的选票不能代表"正义的声音"，从班级健康发展的大局出发，需要修改规则，那么，正确的做法应该是继续发扬民主，和同学们一起商议以后如何改进。对选举的结果简单否定，势必失去民心，也让班主任的形象大受影响。

我的建议是班主任不妨"将错就错"，毕竟，沈某能得到那么高的票数，已经说明了他在同学们中有很高的人气。班主任可以巧妙地利用沈某当选班长这件事，和他好好谈谈，打开天窗说亮话，让沈某明确，班主任要考验、考核他。要利用沈某的人气发挥积极的作用，而不是只想着削弱。在

优秀班主任的眼里，一切都是资源，只看你如何运用。此后，要吸取教训，修订班委选举规则，但是，一定要注意，要和学生共同商议，修订完了之后要公示、解读，让每一个学生都很明确。

对学生的民主教育不是简单的事，需要班主任高屋建瓴，循序渐进地进行。无论是小学、初中还是高中，我们需要的是真正的民主，哪怕是民主意识的萌芽。培养具有真正民主意识的公民，教师责无旁贷。

CHAPTER

第八章

特殊学生惹烦恼

第二天，我一大早来到教室想看看佳怎么样了，发现她的课桌上什么也没有放，她满脸的愤恨端坐在课桌前。当我走过她身旁时，她斜视着我，我知道孩子一定在"恨"我将此事告知父母了。随后，我接到其母的电话，请我关注一下孩子的情绪变化，我将孩子请到教室外对话。

师：昨天爸爸打你了？

佳：是的，打我脸了。（孩子怒视着我。）

师：你哭了，妈妈哭了吗？

佳：哭了。

师：打在你身痛在娘心。你认为昨天挨打是因为我把你在学校的情况告知了父母？

佳：（沉默。）

师：作为老师，我有责任将你在校的一些行为反馈给你父母，而且你把字刻在手臂上，万一被细菌感染怎么办呢？

她不说话，同时眼睛直直地盯着我，似乎想用眼神表示抗议。

我很内疚，因为我不了解家长的粗暴，致使孩子被打。

一天中午，其他班的女生告诉我佳在楼梯口和一个初三的男生抱在一起接吻。

第二天午自习前，我到了教室。"跟我出来一下！"我和佳又一次对话。

她站到我面前，一脸无辜。

师：你昨天在楼梯口干什么了？

佳：（不说话，看着我。）

师：女孩子要学会自我保护啊！

佳：（还是不说话。）

我说了很多有关与异性交往要掌握好尺度之类的话，后来发现她完全听不进去。我也就不说了，让其回了教室。之后，佳的学习成绩一落千丈。

当她和我因为换座位的问题再次发生矛盾的时候，我生气地问："你以后需要老师管吗？"她说："不要。"我失去理智地说了声："可恶，进去。"孩子的脸一下子白了，默默走向自己的座位。

为了修复紧张的师生关系，初三寒假我说服了佳和我到连云港（我老家）游玩，希望孩子在看了贫困学生的学习生活环境以后，能有所触动，并能将学习的心思收回来。寒假在连云港的5天里，我们相处得很愉快。

佳的中考成绩较初二时有了明显的进步，被一所职业中学录取。

教师节前的师生小聚会上，她准备的那一大束鲜花，让我激动不已。在聚会接近尾声时，我说了句："你们通过自己的努力都进了自己想进的学校，非常好！"佳紧接着说："我不好！"我问她："为什么不好？是自己没努力还是老师没努力？"佳说："我自己没努力是主要原因，不过……"另一个女生接着说："初二时你别多管她，可能比现在要好！"说完孩子们"哈哈哈"地笑了起来。

> 每每想起"你别多管她,可能比现在要好",我就十分内疚。
>
> (案例提供:成士桂)

于洁建议

"管"与"不管"

我们发现,案例中班主任对佳是密切关注的,而这个关注,在佳眼中就是自己被严严实实地管着了,因为班主任给家长打电话告状,致使班主任的管延伸到了家中父母的管。佳感觉自己被完全束缚住了。案例中,佳的不良行为变本加厉,而班主任的怒气也不断升级,最后双方矛盾完全激化。

毕业后孩子们的一句"你别多管她,可能比现在要好",使班主任十分内疚,同时也让很多班主任变得困惑起来,难道看到佳的这些不良行为,真的可以不管吗?

当然要管,只是,不是案例中的班主任这样的管法。

一、案例分析

我们发现,案例中班主任的管主要是以批评的方式出现,而且一发现佳有不良表现，班主任的第一反应就是生气并进行批评。

如果我们把学生发生的不良行为比喻为一个烫手的山芋，那么，班主任如果在这个山芋刚出炉的时候便要冲上去把它吃掉，那是要冒着被烫嘴的风险的。

心急吃不了热豆腐，心急喝不了热粥，说的都是解决问题的时候需要掌握一定的时机和节奏，把握一定的火候。

何况，当不良行为发生的时候，班主任又急又气，在这样的情况下，人的情绪容易失控，言语行为都有可能不得体，无法冷静地判断和分析问题，当然更无法冷静智慧地解决问题。

面对佳的种种变化，班主任没有仔细研究，而是在强烈的反差面前失去了冷静的分析和判断能力，犯了急躁冒进的大忌。班主任没有悄悄地和家长面谈了解情况，也没有当面和家长商量好共同教育的对策，而是莽撞地把情况通报给了家长，由家长单方面去处理这样棘手的问题。

可以想象，家长接到班主任电话后内心的气急败坏，再看到女儿房间的香烟时，便气急攻心，耳光就甩上去了。

后来的问题，都从这个耳光开始。

表面看这是家长的问题，没有采用更好的措施去耐心地教育自己的女儿，实际上是班主任急躁、不冷静的情绪影响到了家长。如果双方在电话中能够在了解情况后冷静地商量出一些对策，唱好双簧，那么事情不会演变成后面的一系列激烈对抗。

有时候学生的不良行为是由于家长、教师、同伴以及其他人给予了过多的关注导致的。

一方面，关注本身会促使学生不断用不良行为吸引他人的关注。特别是处于青春叛逆期的学生，最无法忍受太多的关注和管束，凡事喜欢逆着来。老师越批评，他们越是要一错到底，学生的不良情绪也会不断放大。

另一方面，关注会进一步使关注者自身（如教师）对学生的不良行为难以忍受。这个时候班主任的眼中，已经无法再看到佳身上的其他方面了，完全忽略了佳的优点。

于是，双方都像一个火药包，只要有导火线点燃，双方都会爆炸。这就是很多班主任和学生闹到不可开交的地步很重要的原因。

二、学生有不良行为时，教师应如何处理

班主任遇到类似的情况，到底该怎么掌握分寸、掌握时机、掌握节奏、掌握火候去处理问题呢？

学会"冷处理"。

我们举一个例子：上课时一个平时一直喜欢耍宝的学生不认真听课，扮鬼脸，引得同学们大笑。老师很生气地叫他坐到讲台旁边，以便自己对他进行监督。该生又扮了一次鬼脸再次引起学生哄笑，老师火冒三丈，要把该生拖出课堂。拉拉扯扯中，师生双方发生了激烈的矛盾。课堂秩序大乱，课程无法继续下去。

在这个事例中，老师错在哪里？原来，讲台旁边的位置更加能引起同学们的注意，学生耍宝的行为便会有增无减。

正确的处理方法应该是：忽略该生的表现，等课后再与他单独交流。教师应该避免在课堂上和一个学生发生冲突从而影响到全班的授课。

在这个例子中，我们看到，暂时的"不管"是为了等烫手山芋冷却后

再来更好地"管"。冷却后的"管"是在教师心平气和的情况下掌握了很好的火候和节奏的真正有效的"管"。

由此可见，我们平时所说的冷处理，不是冷漠不管，而是耐心等待时机，再切实有效地去管理。

教师使用冷处理时，需要注意一些重要事项，我们再举个例子：

> 贝贝上自习课时总是坐不住，经常站起来离开座位。每次他这样做时老师就会批评和阻止他，同学们也会注意他。他很得意，并没有老老实实服从老师的指导。一天上课时贝贝又站起来，老师忽视，不予关注。
>
> 贝贝感到很奇怪，进一步试探，离开了自己的座位。老师也努力不予理睬，贝贝更加得意，开始满教室地走动。最后老师实在受不了了，大声呵斥了他，他回到了座位上，但从此贝贝上自习课站起来走动的行为有增无减。

我们要注意，在学生的不良行为消退前要做好充分的思想准备，面对可能发生的消退爆发。学生由于失去了关注等强化因素，可能会有一系列的行为"爆发"，表现为问题行为增多，出现其他异常情绪和行为，甚至是攻击行为。

贝贝很典型的表现是问题行为增多。如果这时候，无法坚持继续消退，则会使消退失败，并且以后再想使用消退难度会更高，因为学生已经有了用行为"爆发"阻止消退进行的成功经验，第二次进行消退时其"爆发"的程度可能更加强烈。

这种爆发，如果不能小心处理，或者"挺"不过去，那么消退的效果就很难显现。比如，老师不再用关注强化某个学生上课捣乱的行为时，他可能会"变本加厉"，捣乱的频率更高、花样更多。这时如果不能坚持，再次对他的行为进行关注，那么消退就失败了。

正确的做法是，坚持不给予任何注意，并且要求同学们对他的行为同样不予理睬。

三、班主任应如何使学生的不良行为消退

例如，本案例中教师应先与佳同学沟通，告诉她，老师理解她的一切行为，比如爱美爱打扮，比如喜欢某个男生，这些都是正常的，但老师也对她的自虐行为表示担忧，担心会造成身体上的伤害，真心希望她能够爱惜自己。老师也相信她能够很好地走出青春叛逆期，能够处理好个人的情感。因为在老师眼中，佳同学有很多优点……

个别交流时，要选择好交谈的地点，比如操场，比如很安静温暖的空间，教师要做到真诚和平等。教师要完全摒弃强势的态度，摒弃高高在上的态度。

这样的谈话，既让学生看到了老师的诚意和对自己的信任，也让学生有了改变自己的紧迫感。

其次，与相关当事人沟通（比如学生家长、其他同学和任课老师等），取得他们的积极配合。这个沟通，必须相当到位，比如，与佳同学的家长沟通时，必须教给家长正确的沟通方法，以免家长怒气升腾时做出不理智的行为，导致学生认为老师向家长告状了。我同样主张班主任和家长应找

一个合适的空间平静地交谈，把孩子的优点和目前的问题客观地谈透彻，共商解决问题的方法。

在任何情况下，教师必须记住一件事情：当学生的问题出现的时候，就是我们要冷静思索如何解决问题的时候。

如何让自己冷静？很重要的一点就是别让自己只盯着学生的问题，不能被一叶障目，再也看不到学生的优点。

案例 27

剃头挑子一头热

几乎在每一个班级里都有那么几个学生，他们性格孤僻，独来独往，较少和其他同学交往。他们是游离于集体之外的人，对于班级的很多活动漠不关心，给人的感觉是比较冷漠、"不合群"。

我们班级的小陈就是这样的学生。记得刚开学的时候，我看他英语学得还不错，就想提拔他做英语科代表，当我找他交流的时候，他沉默了一会儿，对我说："我不想做。"

我很惊讶，问："为什么呀？"

他的回答很简单干脆："不喜欢，嫌烦。"

那一次我很不舒服，觉得这样的学生真是让人觉得没劲。

开学后不久的秋季运动会上，同学们看他跑步挺快的，想让他参加接力，他也是很不情愿，大家无论怎么动员他为他鼓掌，他还是不同意，弄得全班学生都觉得很扫兴。

　　我向他的家长了解情况，家长说这孩子就是这样的，从小就不愿意与人多交流，几乎没有好朋友，周末就是喜欢一个人宅在家里，也不出去和同学玩。

　　任课老师也觉得这个学生很冷漠，脸上几乎没有微笑。老师表扬他的时候，他也没有什么表情，但是如果批评他，他就用很冷的眼神看着你，让你觉得心里发毛。这样，时间长了，任课老师们都不大愿意和他多交流。

　　我想了很多办法，想帮助他，让他能较好地融入集体，和同学和谐相处，可是总是没有效果。甚至有时候觉得自己热脸贴了冷屁股，心里很难受。

（案例提供者：佚名）

陈宇建议

如何帮助"不合群学生"

　　关于如何帮助班级里"不合群"的学生，我的建议如下。

一、心态放平，举重若轻

对于这些孩子，班主任首先要摆平心态。其实只要有人的地方，就会有这样"另类"的人，只是在班级中，因为班主任希望全班同学都能团结和谐，"一个都不能少"，这样的矛盾才显得较为突出。一个班级本来就是由各种性格的学生组成的，如果千人一面，那倒反而不正常了。

班级应该成为学生成长的沃土，为每一个人提供宽容、安全、友善的生长环境。班主任想改变学生的个性，初衷可能是良好的，但其效果却不一定理想，甚至可能是反向的。我们不能以自己的意志或者好恶去"塑造"学生，这样的努力反而可能对学生的个性发展和成长带来不利的影响。

所以，面对所谓"不合群"的学生，班主任要有一种包容的姿态，不必把这类问题想象得过于严重。不合群的孩子中只有一部分生活在痛苦之中，有些则浑然不觉，还有些能自得其乐。除了极少数心理有疾病的孩子，或者情况已经到了影响班集体的建设与发展的程度，一般可以少介入干预或者谨慎地采取行动，主要精力应该放在调整集体氛围上。对学生特殊的个性，要关注，但是不要过度关注。过度关注可能让学生感觉到自己是个"怪人"，强化了他的这种消极意识。有些班主任会对他们表示同情并在其他同学面前流露出来，这也是不恰当的。比如有的孩子天性比较安静，不喜欢扎堆凑热闹，这就不应该理解为不合群。

如果确实有必要采取一些措施予以帮助，也要尽量不留痕迹。总之，重视也好，关注也好，都不要流于表面，不要强化学生个性中的弱点。这类学生往往比较敏感，所以尤其要注意教育的智慧和艺术。

二、查找原因

造成学生不合群的原因有很多，孩子不合群与先天遗传、家庭教育、个人遭遇和环境影响等因素都有一定关系。所以，要对学生不合群的原因加以分析、分类。

1. 先天性原因

每一个孩子都有不同的气质。生理学家巴甫洛夫提出了四种高级神经活动类型：兴奋型（胆汁质）、活泼型（多血质）、安静型（黏液质）、抑制型（抑郁质）。神经活动类型与个体适应环境的能力密切相关，抑制型的孩子难以适应环境，他们不愿意和别人多交流。

2. 家庭原因

孩子不合群与父母对孩子的态度以及家庭环境有重要关系。一是父母对孩子的态度，比如过度关切，事事包办代替；另一个是父母对孩子的教育方法，比如告诫孩子这个社会上坏人多，"不要和陌生人说话"；等等。这些不正确的处理方式都会让孩子对与人交往产生恐惧。现在的学生独生子女较多，从小缺少同龄的玩伴，有的从小就一个人玩或者和比自己大得多的人玩。这样虽然提高了孩子的自主性，但是因为独自游戏是自由的、放松的、随便的，当一个人习惯了这种生活方式后，到了学校就不太愿意与人合作、分享。

3. 同伴原因

（1）"他们不喜欢我。"有些孩子因为有一些生理缺陷或者在和同伴游戏玩耍时有过被欺负、嘲笑、愚弄或欺骗的经历，产生了对他人的不信任感，久而久之，养成了独来独往的习惯，这其实也是一种自我保护过度的表现。

（2）"我不喜欢他们。"除了性格孤僻之外，学生主动远离集体或同伴，还可能是因为他们看不惯、看不起或者与同班同学志向不和。

三、分类处理

学生不合群的表现方式有很多，班主任要透过现象看本质，有时候即使是相似的表现，心理动机也可能完全不一样，这就需要"辨证施治""同病异治"。所以，只有准确地分析出学生不合群的原因，才能采取有效的行动。

对于先天性孤僻的孩子，主要是依靠集体的力量感化、温暖他，力争让他们的状况有所改善，但是这种改善是急不得的，欲速则不达，只能慢慢来。心理学研究表明，人的气质类型也不是绝对不会改变的。这给了我们一点信心，同时也让我们能更宽容地对待这些孩子。对于主要由家庭原因造成的不合群，就要加强和家长的沟通，家校互相配合，共同采取行动，形成教育合力。对于由于伙伴原因造成的不合群，班主任要分别采取不同的对策，或营造良好的班风，或为有才能的学生搭建更高的平台，或加强价值观方面的教育。具体可以用以下几种做法。

1. 营造氛围，集体感化

营造良好的班级氛围，利用集体的力量感化、改变这些不合群的孩子，是最重要的方法。一个团结、民主、平等、和谐的班集体，可以让每一个身处其中的人受到感染，从而弱化自己原有的极端个性。

（1）要在班级里讲文明、树正气。对于取笑同学的弱点或缺陷、欺负同学的行为要严肃处理。可以在班级里做一些民意调查，比如"你觉得和班里的同学合得来吗？原因是什么？""你在班级里感觉到幸福吗？为什么？"等等，分析出结果后在班会课上点评、教育。

（2）开展丰富多彩的班级活动，增强集体凝聚力，以面带点，把学生吸引过来。比如我每个月在班级都会组织"集体生日会"，当月出生的同学会得到大家的祝福，而到了下个月，他们要作为主持人为其他同学服务。我注意到，一些平时不太活泼的学生，因为有一些"神秘感"，在生日会上往往会成为明星。此举很好地改善了同学之间的人际交往。

（3）在活动中向不合群的孩子多多发出邀请。我班里有个男生平时很不愿意参加集体活动。一次班级里组织公益劳动，我有意要求"这次公益劳动只需要男生参加"，其他男同学都站起来向外走了，唯独那个男生还坐在那里犹豫不决，我对男孩们使了个眼色，几个男生不由分说，过去拉起那位仁兄就走，一边走一边笑着说"是个男人就走"，这样他不得不"被参与"了一回。有一次就有第二次，以后这样的活动他也不好意思拒绝了。

2. 用心设计，巧妙帮助

学生不合群的原因是很复杂的，所以，在帮助他们时没有统一的方法，需要用心做个性化设计，量身定制，方能起到最好的效果。

（1）设计各种类型的班级活动，让各种类型的孩子都有参与活动的机会，把需要帮助的对象安排的活动夹杂在其他活动中，交替穿插进行，不要过于明显。比如给这些学生分配特定的任务，这些任务有的是可以独立完成的，有的则必须通过和他人合作才能完成，完成后予以奖赏。再比如，按照学号或特定的学号组合，把这些学生"无意"地裹挟到集体活动中。

（2）合作学习和团队体育活动是很好的方法。班主任要了解这些孩子的爱好和特长，创造一些机会，让他们表现，让大家多了解他，也让他能找到自信。

（3）有意安排一些同学在集体活动中带着他们，不让他们落单。

（4）借助其他教育资源。我带过的一个班里曾经有一个学生，因为先天性的"人际交往障碍"，无法和他人正常相处，导致同学们都把他当成"怪物"。虽然我一直暗示同学们他是"特殊的"，不要用常人的观点判断他的行为，很多对同学的侵犯行为并不是他故意的，同学们心里也很清楚，但是，有时候还是无法容忍他的一些行为。一次，我在班里播放了美国电影《叫我第一名》。这部感人至深的影片描述了一个特殊的孩子曲折的成长经历，和那位同学有很多相似之处。同学们在观看时已有所感悟。电影播放之后，全班同学热烈鼓掌。我对同学们只说了两句话："同学们，你们都知道我为什么要给大家观看这部影片了吗？"大家点头，于是我说："大家能坐在一起读书是缘分，每个人都有自己无法回避的痛苦，善待你身边的每一个同学，别人也会这样对待你的。"

（5）身教重于言教。我班里有个学生小李，谁也不和他玩，他总是一个人。他的特长是摄影。春游前，我对全班同学说："明天的春游我聘请小李做我的助理，帮我传达通知，同时为大家拍照，记录我们的精彩瞬间。让我们以热烈的掌声祝贺小李同学上任。"全班鼓掌。跟着我吧，别人不带你玩，班主任带着你。他为同学们拍了很多精美的照片，我专为他开设了一次摄影作品展。他的才艺和我的以身作则影响了同学，以后凡是集体活动，各个小组争相邀请他作为摄影师，他也渐渐融入了班级大家庭。

帮助不合群的学生，班主任和全体同学都必须齐心协力，尤其是班主任，要多动脑筋，用心用情，还要用智，但是，所有这些方法都有一个基础，那就是爱。相信爱可以感动这些特殊的孩子，让他们也能感受到集体的温暖。

案例 28

三个不开口，神仙难下手

他长得又瘦又高，站在我面前，有点弯腰驼背的样子，整个人看上去很不精神。记得他开学来报到的时候，他的母亲就对我说："老师啊，我这个孩子在家里也不说话，从来不和我们说说学校里的情况。"

他的成绩很差，任课老师都替他着急，理科老师和他分析试卷的时候，他就这样站着，似听非听的样子，让老师觉得自己剃头担子一头热。

我也经常找他谈心，每次我振作精神鼓起勇气再去找他交流，但每次都像泄了气的气球一样败下阵来。

每次在和他谈话时，最让我头疼的是，无论你说什么，他总是不搭腔，只点点头或摇摇头，被你问急了，最多也只是挤牙膏似的应上一句半句的。这种谈话，根本谈不上什么效果，因为没有交流，到最后基本上就是我一个人在说，得不到他的反馈。这是一件很恐怖的事——你无法得到信息，不知道他在想什么，也不知道自己说的话他是否听进去了，或许你说了很多，时间很长，但是你不知道这些话中哪些对他是有用的，哪些属于废话。

由于得不到他的回应，我只好自顾自地说下去，说到最后，自己也觉得无趣，草草收场。说起来是谈话，其实就是单方面说教，他不暴露自己的内心想法和真实信息，教育就成了无的放矢。这样的谈话，太令我失望了。

时间长了，我发现其实每个班级都有这样的学生，似乎所有的老师都对他们无计可施。

（案例提供：佚名）

陈宇建议

以心换心，才能走进学生的内心

造成这种情况的原因有很多，有学生个性的原因，也有教师的原因。怎么解决这个难题？

其实谁都没有万能的法则，如果有，那么教育就简单了。教师只能尽自己的力量，用各种方法，试着去打动学生，取得学生的信任。比如说，换位思考很重要——站在学生的角度想一想，不要总是居高临下地教训人，每个人都有自己的难处，要理解、同情学生，以取得情感上的共鸣，这是交流能够进行的基础。

怎么让学生说出自己的心里话？这个问题很简单——以心换心，即要想让学生说出心里话，自己先坦诚地说出自己的心里话。学生心里藏着秘密，不想被别人了解，但是，这些秘密闷在心里，也需要有倾诉的对象。什么人是合适的倾诉对象呢？一个愿意对自己也开诚布公的人，一个对自己不设防的人。如果你愿意和学生分享你的秘密，那么，秘密可以交换到秘密，情报可以交换到情报，人往往因为拥有了共同的秘密而成为朋友，也会因为是朋友而拥有更多的秘密。要和学生交朋友，你会发现和学生交流也不是那么难的。

不过，这种方法用起来要慎之又慎。和什么学生说什么话，要在前期观察了解的基础上仔细考量。教师和学生毕竟身份不同，有的话能说，有的话不能说，有的话只能说半句，点到为止。切不可口无遮拦，什么都说，那样反而会给自己带来麻烦。

我用一个真实的案例来诠释如何使用这种方法。

很久以前，我教过一个女生，她家里很穷，生活很艰苦，父亲一个人带着好几个孩子。那时我班上的学生都不是很优秀，她是班级里比较优秀的学生之一。她有个孪生姐妹，就在和她同一个年级的另一个班。妹妹比姐姐的成绩好，人也活泼。

姐姐很要强，但是，总是成绩比不过妹妹。因为穷，也穿不起什么好衣服，我看到她有的衣服都是兄长的旧衣服改的。她选择了十分艰苦的方式证明她自己——长跑。每次运动会她都会选择这个最艰苦的项目拿到名次。

所有这些，让她显得很特殊。她的能力很强，也非常要强，在班里是班干部。但是有一点，就是脾气很不好，甚至有点暴躁，喜怒无常，有时候莫名其妙地发火，让所有的人无所适从。我认为她内心是善良的，我从内心同情她、理解她，试图和她交流。但是，她把自己裹得紧紧的，不让其他人进入她的世界。她看上去阳光、活泼、大胆泼辣，内心却充满了自卑。别人都不能理解她，唯有我知道她内心深深的痛，那绝对不是穷或不漂亮或成绩不好，是一个难以启齿的秘密，这个秘密将伴随她的一生，也将困扰着她的一生。尽管她极力隐藏，但是，却无法阻止别人知道她的秘密。这个秘密就是，她有体味，令人不愉快的气味。特别是到了夏天，你可以想象她的痛苦。在教室里上课，和同学们在一起，那是件多么令人尴尬的事啊！但是，又不能不上学，上学就不可避免地会让人知道。因此，她总是穿着长袖，试图保护自己的隐私，不过，我在接近她的时候，还是分明能感觉到。

我认为，这是她所有问题的根源。

怎么办？

和她谈话必须很小心，不能触动她那根敏感的神经，但是，如果她的问题得不到解决，那么她整个高中时代就是一场噩梦，无论如何也不会开心幸福。所以，我又不能回避这个话题。我是怎么做的呢？

那次谈心的情况，尽管已经过去了二十年，但我还是历历在目。

我很平静地对她说，每个人内心总有一些隐私或秘密，不想为人所知，这是很正常的。没有人是完人，有的问题，你可以努力解决，而有的问题，即使你再努力，也无能为力。上帝很公平，他在给你很多优点的时候，可能是怕你过于完美而难以在这个世界上很好地生存，所以，总是会给你搭配一些缺点。这些缺点，和你的优点一样，都是抹不去的。我们只能适应它，而无法改变它。我们要学会和这些我们与生俱来的东西共处。

我就是这样的一个人。我的高中阶段就是在这样复杂的心态中度过的。我一直有烦恼，而且无论我怎样努力，我也无法改变一些东西。这些问题让我很自卑！

我继续说，让我很自卑，几乎让我崩溃的事，就是我是个矮个子。我几乎所有的方面都很不错，而且即使我有不优秀的地方，我觉得我也可以通过我的努力去改变。但是，唯有这件事我无能为力。我个子不高，对于一个男生来说，是多么痛苦的一件事啊！当你看到你的同伴，从原来和你差不多高甚至不如你，到后来你要仰视他，那是万般无奈的事啊！我为这个问题困扰了多年，但是，我知道我已经无法改变。所以，我用了其他的方式去替代。正因为我有这个缺憾，我要在其他方面更加优秀。

我用了很多年才明白两件事。第一，有些事我永远无法改变，所以，我只能改变我能改变的，让它们掩盖自己的缺点，而且我必须适应我不能改变的。我没有理由恨自己不喜欢自己，因为只有我自己才会真正陪伴我自己一生。第二，我曾经怨恨过老天爷，我认为他很不公平，但是，我慢慢知道，老天爷其实是公平的，因为他给了我很多优点，足以和我的缺点相抗衡。明白了这一点，我就坦然了。我的缺点让我更加精进，因为我知道，我只有比那些身高超过我的人更加优秀，我才能取得成功，而这个，是我能把握的。

说完这些，我对她的事情只字未提，就让她走了。

在叙述案例的时候，我最忌讳用"从此他就""从那以后"的句式，但是，这次我要破天荒地说一次，从那次谈话之后，我真正赢得了她的信任，从此打开她的心门。她变得越来越优秀，而且更加开朗，因为她知道，她的班主任和她一样，也有难以言说的苦恼。这种情感上的共鸣让我们超越师生的关系，成为真正意义上的朋友。她一直是我得力的助手，我和她的交流几乎是没有障碍的。我以自己真实的故事，真实的情绪，告诉我的学生，每个人都会有自己的苦恼，你并不是唯一不幸的人。

那么，总结一下，这次谈话（准确地说，是我单方面的倾诉）为什么会取得成功？或者说，其中有什么值得借鉴的地方呢？"以心换心"是我最大的感悟。我的心里话表面上好像是自己在那里絮絮叨叨，说的是自己，其实，我的每一句话都是针对她而设计，是说给她听的。我了解她的内心，所以，我知道能在什么地方和她产生共鸣。我绝对不会和她提她自己的问题，我必须给她留面子。这些道理，她自己去感悟就好了，是不难理解的。

因此，要想让学生敞开心扉，自己要首先敞开心扉。不能仅仅站在一个教师的立场上对学生进行说教。我们一般都说要理解学生，其实，反过来依然很有效——让学生理解我们，用这种理解再回到自己身上，解决自己心里的问题。也就是说，填平学生和教师之间的鸿沟。一般来说，教师主动和学生说心里话，是引出学生心里话的最好的办法。有时，其实也不需要学生说，只要他能理解你的意思即可，最后一层窗户纸，不点破也罢。我和那个学生的谈话就是只字不提她自己的问题，但是，我说了自己的事，就等于在说她的事了。我说我是如何应对的，其实就是在教她如何应对。

和学生谈话，如何用说出自己心里话的方式赢得学生的信任，也是一个技术活儿。你要首先观察学生的问题所在，针对他的问题选用合适的素材，比如，学习问题，就谈自己学习中的苦恼以及战胜苦恼的方法，没有方法也成，至少让他知道这不是什么了不起的缺点，是完全可以改变的；早恋问题，就谈谈自己当年的感受，毕竟每个人都年轻过，都是从那个年龄过来的，这些素材要能在情感上和学生产生交集，取得共鸣，才能更好地进行后续的教育。这种共鸣，是在谈话的过程中发现的，不一定要用语言，学生的表情和眼神都可以很好地说明问题。

真心换来真心,信任换来信任,这就是和学生谈话最大的"技巧"。

案例29

遭遇"霸王学生"

今年我遭遇了一个"霸王学生",他经常惹事,打伤同学。学生们看见他都很害怕。

在年级里,他也很出名,似乎很有号召力,听人说他也很讲义气,谁吃了亏他就会去纠集一帮人帮谁出气,开学至今他已经打过几次群架了。德育处的老师见到他也很头痛。很多老师说这样的孩子将来走上社会很容易成为一个违法犯罪分子,劝我不要和他来硬的,不要得罪他。

我观察过他走路的姿势,因为他本身长得比较高大肥胖,加上走路时一摇一摆,慢条斯理,真的让人感觉他是个"老大"一样。他和社会上的小混混也有一些联系。

他的家庭我了解过,父亲脾气暴躁,动不动就要打人,他的脾气似乎比他父亲有过之而无不及,有一次甚至和他的父亲也动起手来了。

我想过让他做班干部,用正面的方法来引导他,比如让他做劳动委员、纪律委员什么的,但是我又非常担心他会把整个班级带到歪路上去。我还担心学生们会觉得我这个老师似乎也害怕他,要通过拍他马屁哄住他不犯事。我真是左右为难了。

我看到书上说，在儿童或少年时期，在家庭暴力环境下成长起来的孩子，拳头比嘴管用的观念可能根深蒂固。

从内心讲，我觉得他从小成长在这样的环境中，我很同情他。可是可怜之人必有可恨之处，面对这样经常惹事的学生，我该如何有效地开展工作？如何让他能在冲动的时候放下那个自认为有效的拳头呢？

这个学生不治好他，我的班级就不得安宁。我现在一听到德育处给我打电话，就心里发毛，就知道一定是他又惹事了。

（案例提供：佚名）

陈宇建议

怎样与"老大"式的学生打交道

我想结合一个真实案例进行点评。

碰上"贺老大"

汪聪（湖北省当阳市半月初级中学）

初遇

2009年8月31日上午10时许，我正在忙着组织班级报名工作，教室里有许多学生和家长来来去去，异常热闹。

这时候，迎面走过来一个大个子，浓眉大眼，头发很长，旁边还跟着一个小男孩。我随口说道："欢迎来到七（5）班，家长可以先坐坐，学生来填张表格。"

过了老半天了，"家长"却未坐下来，倒是一本正经地说："老师，我们都是来报名的！"我心里咯噔一下：难不成他也是学生？我带班十几年，还没遇到过这种情况。

接下来，一切都按部就班地进行着。对于刚来的那个大个子，我也有了更为详细的了解：

他叫贺某，1990年出生，家有兄弟三人。他大哥、二哥均在广东打工，父母在家务农，身背几万元的债务。由于他年龄偏大，父母对其要求不高，导致他对抽烟、打牌、打架、上网都很"在行"。而且，他体格健壮，身材魁梧，喜爱体育运动，尤其喜欢打篮球。

了解到这些情况后，我心里真不是滋味儿，班上的学生本来人数就最多，再加上本年级三个大龄青年都在我手里，我真担心刚到的这个大个子会兴风作浪。

交锋

事实证明，我的担心并不是多余的。因为年纪大，个子高，再加上一身匪气，同学们都称呼他"贺老大"。

开学第二周，就出了状况，告状声络绎不绝——

"小汪啊，你班的那个贺某昨天打了我的学生呢，你得好好管管他呀，唉！"

"汪老师啊，你班那个大个子是怎么一回事呀！那么多管闲事！别人班的矛盾，他来充什么和事佬啊！"

凡事都可以追根溯源。第二周周五放学后，我留下他，和他骑上摩托车，到他家里进行了第一次正式家访。

我从他母亲的口中了解到：他们兄弟几个的脾气都如他父亲一样火暴，但都很讲义气，重情义。而且，他从小就很勤快，还想当警察。我心里暗想，有优点就有希望！

回到学校，我找了大量图片、音像、事迹简介等资料，专门给他和班里的其他几位调皮大王安排了一个时间，让他们上了一节阅读课。

课后，我再次单独找到他："知道为什么让你看这些吗？我知道你从小的理想就是要当一名光荣的人民警察。志向很好，可依我看，你不可能达成所愿！"因为我说到了他感兴趣的话题，他明显地表现出愿意倾听的样子。

"你以为警察是干什么的？你到底是想当上警察为人民服务，还是只想要耀武扬威？"此时，我注意到他那一贯高昂的头，缓缓地低了下来。

"不管你现在理解与否，我都要告诉你，人在这个世界上，凡事都不要忘了责任，丢掉责任，自己的态度就会变得放肆，感情就会放纵，行为就会放荡！你是一个血气方刚的孩子，我很羡慕你有那么好的理想……"

"老师——我，我只是……"我话音未落，他就忍不住开了腔，完全不像先前那样桀骜不驯，"我其实也知道自己错在哪儿，可就是管不住自己，见到让我心烦的人或事就想冲上去，实在可恶的，真想一棒子打死，以泄心头之恨！"

接下来，我又和他谈到怎样换位思考，怎么把握自己的情绪。临走时我还特意送他几本有关树立理想的书籍，希望他抽时间好好看看。

经过这一次促膝谈心后，贺某就像变了一个人，到我这儿告状的老师也少了。后来，他还主动将一把一米多长的钢刀和几根钢筋交到了我的手上，还写了一份两千多字的"悔过书"。当时，我着实吃了一惊，如果我再晚一步行动的话，不知道会发生后果多么严重的事情！

历练

一转眼，到了一年一度的秋季田径运动会。刚好，市里和学校派我到天津出差一周。我既紧张又激动，紧张的是我一个星期不在学校，班里岂不要乱成一团麻？激动的是，这正是考验"贺老大"的关键时刻。

把他找来后，我首先表扬了他前段时间的进步，然后故意有些忧心地说："老师下周要出趟远门，可又不放心我们班，所以我想请你替我当班主任，行吗？"

"我？不可能吧，我连我自己都管不了啊！"他一脸的惊讶和不自信。

"老师相信你一定可以胜任！"临出门，我故作轻松地拍了拍他的肩膀。

在天津那几天，学校运动会如火如荼地进行着。爱人一条又一条的短信向我报喜："你们班的那个大个子得了两个第一了""你们班男子总分获年级第一"。那高兴劲儿真让远在千里之外的我激动不已。

公差结束，回到学校。贺某主动向我递交了一封信，里面翔实汇报了近一周时间班里的点点滴滴，当然包括他自己的思想动态。我也不失时机地在全班大力表扬了他。

从那以后，我对他更加关注了，经常叫他帮班级做事，而每一次他都能很专注地去完成。虽然他也有"反复"的时候，但我都能对症下药，并且收效愈来愈好。

四月份，学校成立校篮球队，我班被选中了三人，贺某也名列其中。他们经过艰苦的训练，于五一假期正式开赛。第一场刚结束，我就接到他的电话："老师，我们打赢了！您高兴吗？"高兴！我打心底里为他们高兴！

可没兴奋多久，晚上九时许，我便接到领导电话："你班里的贺某带着三个男生去网吧了！带队老师的话他们置若罔闻！看来他只听得进你的话，你快打电话把他们催回来……"一听这话，我的神经也绷紧了。但我知道，这时候一味地批评和指责，会适得其反。

于是，我和他进行了一场没有硝烟的"短信战"——

"明天有几场比赛？这时候在干吗？要不要我明天来给你加油？"

他马上回道："具体我也不知道，您还是别来了！我们打得太差了！"

"那可要注意休息好，保持旺盛的体力，我可不希望你们打输哦！"

"我已经洗完澡，在床上准备睡觉了，您就放心吧！"

……

过了近半个小时，带队的朱老师打来电话说，他们回来了！

我知道，我又成功了！

告捷

本学期，贺某当上了我们班的男507寝室长。现在的他，精神抖擞，工作负责，不仅戒掉了烟瘾、网瘾和赌瘾，还主动帮助体育委员管理每天的早操。看着他那勤恳而认真的劲儿，我打心底里高兴。在学校期中考试表彰会上，507寝室被评为"文明寝室"，而他也作为"进步明显学生"光荣地佩戴着大红花站在了高高的领奖台上，骄傲和自豪写满了他那略显稚气的脸。

现在，我来说一说怎样与"老大"式的学生打交道。

当班主任时间长了，经常会遭遇到这样"另类"的学生。从外形判断，我们就已经能猜测到"贺老大"的一些行为或者做派，他在学生中应该算是领头羊式的人物，这样的学生，往往令班主任非常头疼，用好了能发挥很积极的作用，用得不好班主任就遭罪了。所以，班主任一定要重点关注这样的学生，他的能量往往超过班里其他人的总和。但是，这种关注分寸又要掌握得恰到好处，轻不得重不得。为什么这样说？对于这样的学生，没有经验或者能力欠缺的班主任往往会走极端——要么心存恐惧，遇到这样的学生先在心理上败下阵来，教育管理的底气不足。若是这种情况，班主任对学生让三分，学生会得寸进尺，在班级里更加耀武扬威，造成更恶劣的影响，对班主任的威信也是一个极大的打击。另一种极端是班主任试图"以暴制暴"，倚仗他的势力为自己做事，有些班主任会有一些糊涂的想法，认为这样的人如果让他做"班干部"，一来可以收买他的人心，二来也可以借此制服班级其他同学。若是这样做，后果更为严重。

针对第一种情况，班主任管理的底气从哪里来？教师首先要明白"邪不压正"的道理，大胆管理，只要合情合理合法，就不要怕。须知，再强悍的学生在学校里也是学生，再懦弱的老师在学校里也是老师，这种地位是不能逆转的。只要你鼓起勇气，坚持原则，你的背后，还有学校给你撑腰。

针对第二种情况，由于这样的学生能量比较大，如果真能用好，倒也不失为老师的得力助手。但是，这必须建立在学生自己已经很"正"的前提下。所以，教师必须首先"改造"他，让他能以正面的形象出现在班级里，做好事，主持正义，锄强扶弱，维护集体利益，方能有威信。如果做不到这些，就暂时不能用他。

从《碰上"贺老大"》的第二段"交锋"中，我们看到了班主任对"贺老大"的教育转化，不过过程似乎有些简单，"经过这一次促膝谈心后，贺某就像变了一个人"这样的效果或许放在作者的情境中是可能的，但其他班主任切不可以为这是教育的常态。常态是，因为他有诸多恶习，不可能通过一次谈话就收到奇效。事实上，对"贺老大"的转化工作一定是长期而艰难的，我们宁愿相信班主任做了大量艰苦的工作，才让这块顽石有所转变。

我想，是因为汪老师对"贺老大"关心有加和其独特的人格魅力，才感动了"贺老大"，让他主动交出了凶器。这个经历我也曾有过，一定是学生对班主任真的心服口服之后才会采取的"报恩"行为。

这样的学生往往很讲义气，所以，当你对他有了足够的信任后，他也会拿出相应的表现回报你。让这样一个自己还管不住自己、颇有争议而又较有能力的学生出任代理班主任，显示了汪老师的胆识和智慧，而且切入点很好——运动，正是"贺老大"的强项，扬其所长，人尽其才，取得了良好的效果，也为今后进一步转化他打下了坚实的基础。因为这样的学生是不可能仅通过一次活动就能完全转化的。此后出现的反复也在意料之中。好在汪老师并没有回避这个问题，而是据实写出，让我们对教育的艰难又多了几分认识。

所以说，对这样的学生，班主任一定要有足够的耐心和忍耐力，要允许学生有反复。我所担心的，是"贺老大"仅仅是听汪老师的，说明"贺老大"最根本的问题还没有解决，除了班主任，其他人还是不在他眼里。这是我们教育中普遍存在的问题——学生并没有规则意识，没有让遵守制度或规则成为一种习惯，而是看是谁来执行规则，也就是"看人下菜碟"。领导的评价很能说明问题："看来他只听得进你的话。"这种状况其实是很危险的，这说明"贺老大"并没有真正地转变过来，离开了班主任，他就成了一匹脱缰的野马，会继续惹事的。所以，针对这种情况，如果是一个真正为孩子负责的班主任，应该高度重视，利用学生对自己的信任，和学生严肃地谈这个问题——我不能一辈子在你身边提醒、保护你，你最终需要遵守的是社会上的行为准则和法律，而有的事，还要靠道德来约束。你不是为了我而进步、表现好，而是最终为了你自己的成长和幸福。班主任此时已经和学生有了深厚的情感基础，学生能听得进去，要好好利用这个优势，促成"贺老大"的真正转变。

最后要说的一点，就是汪老师在处理"贺老大"带同学去网吧这件事上表现出的智慧和艺术。"贺老大"这样的学生最讲究的，就是自己的面子。为保全学生的颜面，不动声色地用短信方式劝告、提醒，远比直接揭穿他的错误让他更能接受，知错就改，善莫大焉。不过，我倒是建议，等"贺老大"回来之后还要和他谈一次，谈通之后甚至该怎么处分就怎么处分，不要姑息。宁可在处理之后想办法帮助他，也不要姑息他的错误行为。

综上所述，汪老师是一个能力很强又有智慧的班主任，难怪"贺老大"对他心服口服，解决了贺老大的问题，有利于解决班级里其他的各种问题。这个典型，抓得好，抓在点子上了。收服贺老大，其他工作也事半功倍。

后记：风物长宜放眼量

陈 宇

做教育就是这么回事。

有些方法，在短期内看上去有效，从长远看是无效的甚至是反效果的；

有些方法，在当时看没有用，从长远看很有用；

有些方法，在当时看非常巧妙，从长远看简直是愚蠢透顶；

有些方法，在当时看是笨办法，从长远看却是很好的方法；

有些方法，在当时看是对学生好，从长远看是害了学生；

有些方法，在当时看是伤害了学生，但从长远看却是警醒了学生；

有些教育，学生当时觉得很正确，长大了却发现是完全错误的；

有些教育，学生当时不能理解，长大后就理解了；

有些教育，学生当时不能理解，长大后也不能理解，甚至一辈子都不能理解。

所有人都说你做得对，你未必就是对的，因为他们可能在安慰你或者他们自己没有想法；

所有人都说你的方法有问题，你未必就错，因为只有你最了解你自己，也最了解你的学生；

你一直坚持自己独立的思想和做法，尽管会有一些错误和失败，会走一些弯路，付出一些代价，但却保留了你的个性；

你只是重复别人的正确做法，可能效果不错，但你却失去了自己。

没有人的个性是完美的，但别人（包括学生）之所以能记住你，是因为你的个性。

绝不要人云亦云。根本就不存在完全正确的教育方法，只有相对合适的教育方法。适合你的，也适合学生的教育，就是好教育。

对于教师来说，最好的教育，就是当时很有效，从长远看也有效；其次，当时有效，从长远看也无害；再次，当时无效，从长远看可能有效；再再次，当时有效，从长远看有害；最差的就是当时就没有效果，从长远看更是有害的。所以，选择教育方法，必须从即时的和长期的两个层面来考虑，这是一个优秀的教师应该具备的眼光和思想高度，也就是既有战术层面的考虑，更有战略层面的思考。

……

教育，永远是一门带有缺憾的艺术。

教师，不要贪恋一时的成功，要把今天对学生做的一切，放长远看到对他的一生的影响。

教师，不要把自己的、上级的意愿强加于学生，即使那是对的，也要谨慎；即使那样做了，也不要心安理得；即使必须要做，也要用学生最能接受的方式，要从好几种方案当中选择最可行的、最恰当的，这就是教育智慧。

教育的效果，要用时间来评估，而不是用分值来评估，要经得住时间的考验。

教育需要等待，即使你等不及，或者不允许你等待，你也要有等待的想法，你所有的做法必须围绕你的这一想法，如果连想法都没有，那就谈不上好的教育。

我们必须告诉学生，真正理想的教育是什么，要对他们描绘理想的教育的美好，让他们对未来的教育有所想象和期待。理想之教育，就是一个概念，但概念总是引领现实的，可能会在他们或他们的后代身上实现。